聊走他的心

創造戀愛張力的聊天術

AWE情感工作室
亞瑟——著

目錄

目錄

前言

聊天，是為了向心儀的人彰顯「我是誰」

「聊天」是我們與人建立關係最快、最簡單的方式，也是在這個需要快速吸引他人注意力的時代裡不可或缺的軟實力。

坊間有許多書教導和心儀對象聊天的技巧與話術，多半都是片段式的教學，例如網聊的訣竅、延續話題的方法、炒熱氣氛的眉角，甚至是「撩」的話術等等，我們先不論內容是否精巧，但想要靈活運用上述的聊天技術，都需要先有一定的聊天功底，才能恰如其分的發揮效果。

因此，對於不擅長聊天的讀者來說，這樣的書籍顯然不怎麼友善，學習效果也很容易差強人意。所以當編輯跟我提議寫這本以「聊天」為主的書時，我著實花了一段時間思考，究竟該從什麼樣的角度切入，才能讓讀者的收獲最大化。

我很擅長聊天，別人也往往因此對我留下不錯的印象。所以我很確信「聊天」確實能夠提高個人魅力，進而創造出他人對自己的好感。

但為什麼有些很會聊天的人，感情卻不順利呢？這中間的差別究竟在哪裡呢？

我發現這其中的關鍵性差異在於：當事人透過聊天，為自己堆疊出什麼樣的形象。

舉例來說，有些女生很活潑開朗，跟誰都能很快打成一片，但卻不知道自己在聊天的過程裡，不斷創造出一個大媽的形象，導致她的女生緣很好，但男生卻往往不太會熱情的追求她。

同樣的，也有些（認為自己）很健談的男生，說話引經據典、高談闊論，對於各種時事話題總能發表一番高見。他們認為自己學識淵博，應該相當富有知性魅力，卻不知道自己其實不斷創造出一種賣弄知識、很難相處的形象，畢竟女生是來找男朋友，不是來找指導教授的，在兩性市場上這樣的行為就不怎麼吃香。

我也曾遇到客戶對於自己的人際關係問題很不解，覺得自己怎麼總是遇到小人，卻沒想過原來是他過度的想保護自己，一直用尖銳的態度與人相處，會得到這樣的人際結果也是合情合理。

這其實解釋了許多人的感情或人際關係為什麼不順利，因為他們多半不知道自己在言談之間，散發了什麼樣的感覺能量給他人。

真正能夠有效運用聊天能力的人，對於自己說出口的話都非常有意識。他們了解別人的觀點，知道人們對於哪些話會產生什麼樣的解讀，所以他們知道要怎麼說才能正確傳達自己的想法及感受，而不會多說多錯。

正因為他們能夠精確的表達自我，所以能將自身的優勢擴展到最大，讓自己像鑽石一般耀眼。而不是受限於聊天能力，即使擁有再美好的內在特質及才華，也因為不懂方法而不被看見。

就像我在《愛情，不只順其自然》提到的：「使用技巧不是為了欺騙，而是能夠將妳／你的好更完整的展現。」

正確的建立自身形象，我認為就像劇作家在編寫人物設定一樣，必須有意識的、仔細的思考。我認識的絕大多數人內在本質都非常美好良善，也都具備愛人的能力，卻因為言行的無意識，而淹沒了這些品質，讓它們無法彰顯。所以我們要做的，便是如同劇作家一樣，仔細的、深入的了解自己這個角色，並且有意識的思考如何將自己的美好呈現出來，真正的創造出屬於你的美好人設。

想到「人設」，多數人第一時間聯想到的可能是包裝、與事實不符的形象。但其實人人都有自己的人設，只是多數人對此都沒有意識。對於並非名人網紅的我們而言，「人設」其實就是我們常常問的：**「你覺得我是個怎麼樣的人？」**

「我是個怎麼樣的人」，是你日常一切行為及所思所言的總合，在你的生活裡，你如何表達自己？你總是用什麼樣的方式來表達你的心情、對別人的在乎、對事物的態度，只要你不斷的重複，最終它們就會成為你的標籤，而這些標籤加總起來，就是你的人設。

舉例來說，我的人設就是戀愛教練（或許還包含講話好笑或溫暖），這就是人們對我的印象，但這並不是我包裝出來的，而是我一直這樣的態度在從事教學、演講、教練、出書的工作，所以我自然而然被貼上了這些標籤。

同樣的，蔡依林的人設是地才天后（因為非常努力）、唐綺陽老師的人設是溫暖又愛吃的星座專家（都會邊直播邊吃東西），這些都並非刻意為之，只是人們從他們一直在做的事情裡，為他們貼上了標籤。

不管你有沒有意識到自己給人什麼形象，形象都不斷在產生。既然如此，何不仔細的留意自己的起心動念，對自己的所思所言所行有所覺察，成為一個你更喜歡，別人也更喜歡的自己？

虛假的東西都無法持久，只有真實的才有力量。所以在這本書裡，我要教你的，並不是偽造一個人設，把自己裝成某個不是你的樣子，以此來欺騙他人，以搏得好感或謀取好處。我要做的是讓你能夠意識到：「原來我這麼說的時候，我以為是很直白，但其實別人會覺得我在攻擊他」、「原來我以為這是很貼心的話，但聽在別人耳裡有可能會壓力很大」、「原來每次我在抱怨的時候，都是在讓別人離我更遠」……，當我們帶著意識去行動，一段關係不僅會帶來愛與陪伴，也會為我們帶來更深刻的自我成長。透過關係，我們將看見獨自一人時所無法發現的盲點，促使我們成為一個更溫暖有愛也更受歡迎的人。

新時代的知名書籍《與神對話》裡就提到：不斷的去想，你想成為的樣子的人，會怎麼想？怎麼說？怎麼做？你就這麼做，最終你就會成為那個樣子。

你想成為什麼樣的人呢？你是否有意識的在往這條路前進呢？「我創造了我真正是誰」才是我希望所有讀者在讀完這本書後能夠達成的。

千萬不要因為不會講話而吃虧，這對你或他人來說都是莫大的損失。於你而言，你失去了一個得到良緣的機會，於他人而言，他們失去了一個美好的選擇。所以在本書，我要教你的是**運用說話，去成為你想成為的自己，讓你有意識的開口，知道自己現在說出去的話，會帶來什麼結果。讓你能夠確實的運用聊天，創造出更好的關係與生活，而不是因為不懂聊天，在感情裡吃虧。**

我將這本書分成了：重置有效的戀愛思維、打造獨具個人風格的魅力人設、有效對話的軸心技巧、不同情境的話題策略、超實用的聊天小訣竅等五個區塊。以不同的角度，談論與心儀的人聊天時應該要注意的事項。

在第一區塊「重置有效的戀愛思維」裡，我會花一些篇幅改造你的戀愛思維，幫你丟掉會害你錯失良機、跟好緣份擦肩而過的無效想法，更新為更容易快樂談戀愛的有效思維。

在第二區塊「打造獨具個人風格的魅力人設」裡，會介紹八種常見的人設，讓你自由選擇。你可以從中選出最接近你原有自我的形態，並且將它優化成更利人利己的版本，也可以嘗試其它不同的人設類型，或許你會有意想不到的發現。

在第三區塊「有效對話的軸心技巧」裡，會告訴你在所有人際關係上都適用的聊天技術，不論你是想讓曖昧對象心跳不已，讓上司更看重你、讓同事更喜歡你、讓朋友跟你相處起來更開心，在這一章，你都會得到巨大的收獲！

在第四區塊「不同情境的話題策略」裡，提供四種常見的認識對象的管道，以及相應的聊天策略。因應不同的情境採取不同的策略，會讓你聊起天來事半功倍！

在第五區塊「超實用的聊天小訣竅」裡，收錄了最常使用到的網路聊天技巧和開話題訣竅，以及如果想進一步交往，就一定要面對的邀約環節，從大方向到小技巧，全部幫你顧到好。

我認為聊天跟戀愛都是有系統的，即使在充滿感性、創意與即興的各種情境下，萬事萬物都有它運作的邏輯在，我希望能用更明確、清晰的方式，讓讀者在感情、聊天上有所斬獲。不管你屬於哪一種人設類型，都一定有適合你的路徑跟對象，本書的作用就在於幫助你把路拓得更寬、讓你整個人變得更亮，讓更多人看見「你是誰」、看見「你的好」。

如果你想知道如何更好的表達你理想中的自我，就跟著我一起往下一頁前進吧！

第一章

重建有效的戀愛思維

LOVE

HAPPY！

1. 五個核心概念，讓感情、人際更順利

「思維」是所有成功之始，也是一切問題的源頭。不同的思維會把人帶往不同的方向，如果想用最快的方式達成理想，那麼第一步絕對是建立有效思維。

所以在這一章，我想先為各位建立五個重要的基本思維。這些思維不僅適用於感情，也完全能套用在一般的人際關係上，因為感情只是人際關係更深入、更緊密的延伸，但仍然不脫離人與人相處的範疇，所以即使你在讀完本書後順利交了男女朋友，也請繼續將這幾點謹記在心，將之應用在你未來的親密關係、家庭關係、人際關係上，絕對會讓你的生活越來越順利。

1. 找到正確對象，感情就會事半功倍

「沒有挑選適合的對象」，是很多人感情不順的原因。只要你挑的對象正確，關係就會少掉很多不必要的波折——不會每天心情七上八下沒有安全感、不會成日苦思要怎麼向對方表達自己的想法、不會一直煩惱對方到底有沒有想跟自己進入關係、交往後不會每天爭執價值觀與未來方向、不用擔心對方最後會不會不跟自己結婚或吵著要結婚……，只要對象挑得好，這些問題甚至不必靠技術解決，因為很可能根本不會發生。

我有許多學生因為感情經歷波折、受盡磨難而來找我，但在換了個對象之後，突然發現以前的許多問題根本就是白受罪，千錯萬錯居然是因為對象選錯。

一旦把時間耗在錯誤的對象上，不僅白白浪費光陰，還很有可能因為一連串的不順，而對自己產生偏差的想法，認為一定是自己不夠好、自己命不好，所以才無法跟對方好好發展，自我價值感跟安全感變得低落，甚至對感情產生陰影，難以好好的享

受戀愛。

那要如何挑選對象呢？基本上只要掌握兩個重點，就能夠先取得感情順利發展的基本贏面：一，找目標跟你一致的；二，找喜歡你、對你有好感的。

目標一致的人會有更高的機率願意和你一起努力，也不會因為從最一開始就朝著不同的方向前進，而導致最後分道揚鑣。

有很多人在交往之初，就知道對方的理想人生藍圖跟自己截然不同，也知道對方的條件或許並不符合自己對於理想伴侶的要求，但因為很喜歡對方，便決定先交往看看，之後再說。

但是所謂的「先交往看看，之後再說」，其實有很高的機率會讓人碰一鼻子灰，因為這多半意謂著當事人只是先把眼睛矇起來，放著事實不管，幻想著未來自己能夠將對方改變得合乎自己的心意而已。

想當然爾，多數的人都失敗了，畢竟要改變別人非常困難，基本上是不可能的任務，所以許多情侶即便交往多年，最後也散了，因為打從一開始他們就看著不同的風景。

所以，如果你想結婚生子，那麼就找個跟你志同道合的對象；如果你是單身主義者，就找個跟你有同樣觀念的人交往。與其花時間企圖改變對方，造成雙方的不愉快，最後還無法有結果，不如從一開始就選擇跟自己方向、觀念一致的人，彼此不用再花費心力溝通（或爭吵）三觀與未來的問題，能夠專注的把所有的時間心力投注在創造更美好的伴侶關係、打造更理想的生活，兩個人都能夠從這段關係中受益，而不是將彼此困在牢籠裡，這不才是感情的真諦嗎？

挑選對象的另一個重點是：**找喜歡你、對你有好感的**。這並不是要你找一個在還沒約會前，就已經對你深深著迷、無法自拔的對象，而是要你避開「對你沒有興趣的人」，也就是你費盡心思、用盡全力，找他聊天、約他、撩他都徒勞無功的對象。

有很多人花了大把的時間跟金錢，只為了追求一個根本對自己不理不睬的對象。想也知道，最後會出現絕地大逆轉的機會是少之又少，多半都是以失敗收場。

而如果你沒有意識到在這段時間裡，你所揮霍掉的不只是時間、金錢、感情，還有非常大量的機會成本，那麼未來你就會感到非常後悔。

時間是一直在走的，不會因為你的無意識而好心的駐留。當你把時間浪費在不喜歡你的人身上，其他可能喜歡你的人正在不斷的認識新對象、不斷的跟別人更進一步的交往認識。每天都有一些好男人／好女人脫單，每天都有一些好男人／好女人步入婚姻，也就是說，每天你的機會都在減少。

如果此時此刻的你正糾結於一段痛苦的關係，事情一直無法如你所願的發展，那麼你很有可能會想：「沒關係，我沒有一定要結婚，也沒有一定要生小孩，我只想要跟我喜歡的人在一起。」

請放心，我並沒有要你跟你不喜歡的人在一起，只是在挑選對象時，我們的順序應該反過來，從「我喜歡他，然後他喜歡我」，改成**「他對我有好感，然後我們兩情相悅」**。

如果有上過我的課就會知道，我非常重視對方是否是一個「可能會喜歡上我的人」，在我的認知裡，一段快樂的戀愛必須是雙方情投意合、你情我願，才有可能發生。不然總是我發訊息給你，你卻對我愛理不理，又或是我找你吃飯，卻總是約不出來，這樣的局面有什麼意思呢？不是自討苦吃嗎？

所以「找出對我有好感的人」關乎了感情生活的順遂與否。如果你覺得「喜歡我的人我都不喜歡」，那就表示你的能力並不足以讓你看得上眼的對象喜歡上你，與其花時間去糾纏對方，不如把力氣用來改造自己，精進自己的聊天能力跟戀愛技巧，才能夠擴大你的守備範圍，讓更多人對你「有好感」，再從中挑選你有興趣發展下去的對象。

說個小故事：

有個客戶跟前男友分手後，來找我上一對一的教練課，希望我能協助她找到合適的對象結婚生子。

剛開始，她總是都被不對的人吸引。遇到的對象不是只想跟她約炮，根本對她的生活一點興趣都沒有，不然就是同時跟很多異性保持曖昧關係，沒有想要跟她認真發展的誠意。

雖然她每次都跟我說：「可是老師，我真的很喜歡他耶！」但所幸她是個好學生，還是聽話的繼續認識人、繼續去約會，並沒有因此而中斷她的作業。

一個月後，出現了一個男生，人很不錯，話中都沒有想約炮的意圖，對她很積極的展開追求，很照顧她也很有誠意。而女生跟他相處時也感到很輕鬆自在，有種莫名的安全感，兩個人相處起來非常愉快，女生甚至跟我說：「我跟他聊天的時候，都不認識自己了！我有這麼會聊天嗎？我怎麼會這麼幽默健談？」

又過了一個月，兩個人毫不費力的交往了，中間一點曲折都沒有，兩人每天恩愛甜蜜，一切自然而然、水到渠成。

這就是「選對人」的結果：兩個人在一起有一種渾然天成的安全感，彼此之間互相吸引，想要照顧對方，很自然的就會進入穩定、具有承諾性的關係；反之，如果選錯了人，不管你如何想方設法苦苦追求，都很難有結果。

所以想好好談場戀愛，最重要的第一步就是「選擇一個適合自己的對象」，請務必找個跟你目標一致，並且喜歡你、願意對你好的人，才能好好享受戀愛的快樂！

”

2. 做個善良的人，宇宙也會回饋你善良

所謂的「善良」，其實就是「做出不傷害他人，也不傷害自己的選擇」，用個白話一點的名詞，就叫作「有道德」。

以前做戀愛教學的時候，我總是認為感情這種事很難介定所謂的「道不道德」，畢竟一個巴掌拍不響，關係會發展到這步田地，也絕不是單方面的問題。直到一年多前，我遇到我的人生導師，想法產生了很大的變化。在我的導師身上，我發現道德對世間所有事物發展的具體影響。我開始反思，我的許多客戶之所以關係走到瀕臨分手、離婚、被外遇或自己想外遇、曖昧未果、單戀失利……，多半都與道德有關，即使許多事情是雙方都各有責任，但若當事人能夠更了解道德對於自身會產生什麼樣的影響，那麼他們所遇到的困境都會簡單許多。

「要有道德」不是一個口號，而是會真真實實的影響著我們的人生。我們選擇的每一個行為，都會種下一顆種子，最後結成一個果。

舉個例子：有個女生在網路上認識了一個男的，約會了幾次，也發生了多次性關係。有一天女生問男生兩個人是不是在交往？沒想到男生居然說沒有，從那之後，女生就開始糾纏男生，長達數年之久，甚至會到男生的公司、住家跟摩鐵堵他，即使男生結婚了也不放過他。

這男的可能會想：「天啊！我不過就是跟妳約個幾次會、上了幾次床，男未婚女未嫁，你情我願，合意性交，我又沒犯法，有必要這樣搞我嗎？」他鐵定從來沒想過亂搞曖昧、約炮、玩弄他人感情會有這樣的後果，否則他就不會這麼做了。

如果不想承諾對方，就不要去貪圖人家，這也是道德的一部分。如上述案例中的男生，就是貪圖別人的肉體，又不想給承諾，最後招致了這樣的後果；也有些人是貪圖他人的錢財，想要別人請自己吃好喝好、送自己貴重禮物，這種情況的極端案例就是被情殺而上社會新聞；還有一些是想要嫁進豪門、飛上枝頭當鳳凰，卻不是真心跟對方相處、真心愛著對方，最後也很多反而被騙財騙色，耽誤光陰。

在長期關係裡，道德也扮演了非常重要的角色。不背叛對方、不花心、不外遇當然是基本的，但愛抱怨、不知感恩、貪圖、欺騙、隱瞞……等等看似無傷大雅的習慣，卻往往是讓關係日益惡化的關鍵。這些習慣會不斷的破壞關係，每一句傷害人的話、每一個不道德的行為，都在拉開彼此的距離，讓兩人的心越來越遠，所以雙方到最後相敬如賓，甚至有一方另結新歡，其實也都是兩個人共同創造出來的結果。

這是一本專攻感情的書，我的本意是希望大家能夠透過學習技巧，更好的去表達自己、活出自己的最好版本，讓別人看見，進而得到一段理想的關係，而不是要人們賣弄書中的技巧，去傷害、玩弄他人的感情。

每個人的所作所為，都會累積在自己身上，形成一種能量，這種能量就是人們常說的「磁場」。你的磁場好壞，端看你平日的作為以及心裡的意念。如果你總是照顧別人、稱讚別人、專注的把自己的事情完成，不評論他人是非，你身上自然而然會有好的磁場，吸引善的人靠近；若你總是心存惡念貪念，想佔別人便宜、一天到晚說他人是非、希望異性對你好照顧你，但你又不想給人家承諾，也不想付出，或是只想誘騙別人發生性關係、利用他人陪伴你的空虛、陪你打發時間，那麼你身上就會培養出壞的磁場，吸引非善類到你身邊。近朱者赤，近墨者黑，久而久之，你身邊自然很難有好對象，即使出現好對象，人家也不會選擇你，因為你自己並不是好對象。

自從明白道德對人生的重要性之後，這一年多以來，我一直在教我的學生要跟人結善緣、要對人好、懂感恩、遵守道德。神奇的是，從我開始這麼做以後，我學生的脫單率比以往都高，只要照著做的，不是脫單就是賺錢，沒有一個例外。

這其實是很科學的事，誰不喜歡有道德、善良、正直、懂感恩的人呢？誰不會信任這種人呢？誰不想和這種人來往呢？誰不會放心和這種人相處、進入關係呢？

所以培養自己身上好的、良善的氣場，就是一種幫自己做品牌的概念，因為不遵守道德的人會覺得你很八股、很蠢、很死板，就不想靠近你，那正好！你自動篩選了相對有道德及重視道德的人留在你身邊，那你的關係不就更沒有風險了嗎？

我看過很多玩咖遇上真命天女，想返璞歸真定下來，但對方卻因為他過去的種種行為，完全無法信任他；或是有些人和很好的對象交往甚至結婚，卻因為自己鬼迷心竅，跟別人亂搞曖昧、拈花惹草，或是出軌偷情，被發現後，關係產生無法彌補的裂痕，最後走上崩壞的結局。這些當事人除了痛哭流涕、悔不當初以外，我也很難幫上什麼忙，畢竟這一切都是他自己的選擇所造成的因果業報，跟戀愛技術沒有任何關係，也沒有人能幫得上忙。

許多事情雖然沒有明文的法律規範，但不代表它就不傷害人，而「道德」指的其實就是「不做出傷害他人、傷害自己之事」，只要會傷害到他人的行為，在未來也必定會以某種形式回到你的身上。所以說到底，重視道德是一種看似保護他人，實則保護自己的行為，只要你越是注意自己的言行舉止，就越不會讓自己惹禍上身。

切記，心中不要有惡念，小心自己的所作所為，即使只是搞搞曖昧，你可能認為這無傷大雅，但一不小心都有可能傷害到他人，也傷害到自己。

3. 如實的力量

人人都知道「誠實、透明、信任」在關係中所扮演的重要性，卻鮮少有人知道「如實」存在著多麼強大的力量。

「如實」指的是全然的看到此時此地的一切、如實的接受此時此地的一切、如實的表達此時此地你的想法與感受，這中間不帶任何詮釋，只是全盤的接受一切。

那麼如實會帶來什麼好處呢？

「全然的看到此時此地的一切」，會讓你確實的接收到此時此地所有訊息。許多人之所以**會誤判關係的情勢，以為狀況很好、覺得對方一定也對自己有好感，結果卻**

碰得一鼻子灰，就是因為在相處的過程中沒有打開自己的感官，把注意力放在此時此地的一切狀況，而是一直在胡思亂想，腦中充斥著一些：「我剛講這個應該不錯吧？」「對方都有回話，這個話題應該還算有趣吧？他應該對我印象蠻好的吧？」「我現在講這個會不會太無聊？」「等下要牽她的手嗎？要過馬路的時候要記得扶她的腰！」「他會不會只是想約炮？」「我今天穿這樣應該還行吧？應該不會奇怪吧？」

人一次只能做一件事情，當你滿腦子都是這些想法，沒有把專注力放在此時此地，就會漏掉非常多訊息——你可能漏看了對方因為座位難坐，而一直變更姿勢；你可能漏看了對方因為你長篇大論的分析股票，而打了好幾個哈欠；你可能漏看了對方因為被你打斷而露出尷尬的表情；你可能漏看了對方對你的話題心不在焉，只是在打發你……。這些都是你必須專注在當下情況，才能捕捉到的訊息。若一場談話、一場約會裡，你漏掉了半數以上的訊息，那麼搞不清楚這段關係發生了什麼事，也是理所當然的。

在你全然的看到此時此地的一切後，你需要「如實的接受此時此地的一切」，包含對方的表情、動作，以及你自己心中的思緒和情緒。

這不是一件容易的事，因為人的所有煩惱都來自於「不接受現況」。所以在你全然的接收此時此地的一切時，要留意自己對眼前的人事物做出了什麼樣的詮釋，這些詮釋就是我們不接受的理由。

舉例來說，當你注意到你的約會對象看起來有點心不在焉時，你瞬間產生了一個詮釋：「完了！他一定覺得我很無聊！」於是你便開始慌慌張張的想要變換話題，試圖找出對方有興趣的事。當你試著把話題轉移到對方身上，開始詢問他過去的經驗，對方卻也只是簡短的回應時，你又產生了一個詮釋：「糟了！我搞砸了！」當這個詮釋一出現，接下來的時間裡你只會不斷的感到焦慮跟坐立難安，滿腦子都是：「我該怎麼辦」、「又搞砸了」、「為什麼會這樣」、「我真是爛透了」、「完了」、「死定了」，直到這場約會結束。

為什麼你會這麼焦慮呢？因為你將對方的心不在焉詮釋為「他一定覺得我很無聊」，一旦你認定對方將你標記為一個無聊的人，難免會沮喪難過，只要你沒有覺察到自己懷抱這樣的思緒及情緒，就會把自己困在「我要想辦法打破這個窘境」的想法裡，然後就越無法接收到此時此地的一切資訊，形成了與現況脫節的負面迴圈，最後事情果真如你所想的——對方真的覺得你很無聊。

那什麼是接受現況呢?就是當你留意到對方好像心不在焉時,可以直截了當的說:「你還好嗎?看起來好像在想事情。」當你不帶詮釋,只是如實的說出你所看到的畫面,就會創造出真實的力量。對方可能會說:「啊!抱歉,我剛想到公司有一件事情明天得完成,覺得很煩,就分心了。」或是「噢,我覺得這間店的冷氣好冷,不知道可不可以換位置。」也有可能對方會說:「蛤?喔,沒有啦,沒事!對了,你聽過安麗嗎?」

比起自己一個勁的胡思亂想,只是如實的接收訊息並且接受目前的現況,會讓人更能夠處理當前所發生的事。

而最後一步,則是如實的說出你對於此時此地心中的想法和感受,例如上一段的例子中說到的「你還好嗎?看起來好像在想事情。」就是當事人在看到目前的情境後,如實說出的想法。

多數人都把時間花在處理自己的妄想,例如對方三小時沒回訊息,就感到緊張萬分,心裡不斷想著:「他一定是不喜歡我。」一旦心中產生這樣的念頭,就會開始想找人算命抽塔羅牌來緩解心中的焦慮。不然就是突然傳訊息問對方：「你是不是不想跟我聊天？如果你其實不想跟我聊天，也不用勉強」，搞得對方一頭霧水，壓力很大。

所以如果你想讓關係變得更簡單，談起戀愛更容易，請務必試著練習「如實」的生活。

4. 聊天只是過程，不是最終目標

我有一堂課叫做《深度對話》，當中講的第一個觀念就是：「每次開口前，你都要知道自己這次**為了什麼**開口。」

每個人在每個不同的情境裡，都存在著不同的開口原因。想要處理正事跟想要閒聊，就不會用同一種方式進行，你不可能用商業合作的口吻去談戀愛，也不可能用跟朋友哈拉打屁的語氣去跟上司報告新一季的業務計劃，所以**「這次我想達成什麼？」**

絕對是在開口前必須思考過的問題。

那麼「聊天」是為了什麼呢？每次聊天都會有其階段性目的，但以大方向而言，聊天只是為了**創造出一個讓對方有更多機會認識你的空間**，而不是要你光靠聊天，就聊到跟對方修成正果。

有些人聊天聊到最後會忘記自己最初的目標，跟對方天南地北聊了老半天，彼此都感到很愉快，卻沒有進一步的動作，然後聊著聊著，對方就跟別人交往了。

他們花了太長的時間在聊天上，卻花了太少的時間實際的見面相處，以致於彼此的關係遲遲無法再進一步，最後錯失良機。

我個人認為談戀愛是閃電戰，絕對不能拖，很多關係都是拖著拖著，就變質了——原本A對B有好感，但B遲遲沒有行動，A等到天荒地老，最後覺得B真是個沒種的俗辣，便對B冷掉了，這段關係也就沒了；又或者是在A等B的過程裡，B不但沒有加緊腳步把關係確定下來，反而做出各式各樣破壞關係的事，讓A對B的好感直直落，整段關係開高走低，最後直接出局；又或者，A在等B的過程裡，出現了另一個超級棒的C！C有各種好、各種溫柔、各種體貼，雖然A仍然一心向著B，但等待的過程中越發的感到疲倦，久而久之，A便想：「唉，我這樣苦等也沒等到，不如就接受C吧！」於是最後A和C就在一起了，只剩B悔不當初。

這就是拖延關係會導致的問題。所有關係都要在它最美好的狀態下，進入某個確定的結果，從這個狀態下去衍生出下一個關係狀態，否則關係就會因為錯過最佳時間點而開始變質。

就好比說，兩個人在最喜歡彼此的時候，選擇進入了關係，那麼雙方就可以從另一種新的狀態（具承諾性的關係），開始演進這種新關係——兩個人開始適應彼此、開始經營關係、開始對未來展開新的規劃……等等，然後如果一切順利，那麼他們又應該在關係最好的時候，再進入下一個層級的關係（例如婚姻），然後再進入上述的新關係演進之中。

但如果他們在最喜歡彼此的時候，沒有選擇進入關係，那麼這段關係就會由盛轉衰，親密度、契合度、想在一起的念頭，都將開始走下坡，並且面臨變質。

所以提醒大家搞清楚聊天的目的，就是為了提醒所有讀者：**聊天的目的並不是聊天本身，而是讓關係變好、變親密**，所以不要沉迷於聊天之中。不管你們聊得多快樂、多合拍，重點都在於要實際的見面、相處、認識彼此，然後趕快進入下一步。不然一天到晚聊天，到底在聊什麼？

記得，聊天只是其中一種常用的有效方法，最終一切都得回歸到實際的相處上，才是真實的。

5. 掌握氛圍，就能成為關係贏家

最後一項，則是正確理解「聊天究竟在聊什麼」。如果沒搞清楚這一點，就很難抓住聊天的精髓，不管看再多聊天書、學再多話術，都一樣。

聊天其實就像看電影，看的當下很入戲，步出影廳後卻不一定會記得細節，只記了個大概，最重要的是會留下一個「這部電影好看或不好看」的感覺。

聊天也是，聊的當下很愉快、融洽，聊完其實也不大記得到底聊了些什麼，只記得好像在聊某個主題，並且留下了一個「這次聊天氣氛愉不愉快」的感覺。

很多人之所以聊天聊不好，是因為**太拘泥於要說什麼話、要開什麼頭、要聊什麼話題、要怎麼介紹自己，讓別人留下好印象、要接什麼梗……，當你滿腦子都是這些的時候，就「出戲」了。**一旦出戲，你就進不到那個聊天的狀態裡，你不會感到愉快，雙方也會變得很難聊下去，因為你們的能量不融洽了，只是文字與文字在傳遞，但是它不會有喜悅，也不會有感情，就像 foodpanda 的客服，雖然回我回得快速又禮貌，但我還是不會跟他產生感情，因為那只是在互丟文字，不是情感的交流。

學東西要先找出大方向，再慢慢調整細節，才能讓整體表現越來越好。如果一開始先揪著枝微末節的字句不放，卻沒觀察到大局情況，就會變得見樹不見林，焦點容易模糊掉。而聊天的大方向就是「氛圍」，其中的字句則是細節，所以首要一定是先抓住聊天的感覺，至於怎麼更深一層的昇華這些感覺，是在你已經學會如何融洽的和人聊天之後才要注意的事。

「氛圍」這東西很玄，看不見、摸不著，但卻是確實存在的，而且幾乎人人都感覺得到。

舉個最常見的例子：當你早上興高采烈的進到辦公室，正準備熱情的跟大家打招呼，卻發現同事們各個把頭壓得低低的，四下鴉雀無聲。此時，聰明的你絕對會趕緊收回你的招呼，小心翼翼、快速而安靜的移動到自己的座位坐下，然後低聲問隔壁同事發生了什麼事。才得知，原來老闆剛才大發雷霆，把某人罵個狗血淋頭，現在辦公室裡人人自危，深怕被掃到颱風尾。

「辦公室裡的低氣壓」就是種氛圍，即使是不敏感的人也多少會感覺到不對勁。同樣的，三五好友一起去唱歌，可能會有很 high 的氛圍；參加告別式，現場可能是很悲傷的氛圍；公司尾牙抽獎時，可能是很期待、很興奮的氛圍，這些都是氛圍。

氛圍其實就是人的情緒能量擴散到外界時所形成的場域。當一個人感到悲傷時，身旁就會產生哀傷、淒涼的氛圍；當一個人感到亢奮時，身邊就會產生熱情的氛圍；當一個人壓抑的時候，身邊就會出現低氣壓；當一個人覺得內心 peace 時，身邊就會出現和平的氛圍。

所以，當你想創造某種氛圍時，你必須讓自己先進入這種情緒狀態。

將這股情緒能量，透過實際的言行擴散出去，影響其他人，例如說笑話逗大家開心、在辦公室裡哼歌，都是擴散情緒的方式。一般情況下，人們的心情會處在中間值，也就是「沒有特別好，但也沒有太壞」，所以是很容易受影響的。例如有個人突然特別high，開始一直講笑話，旁邊的人也會慢慢跟著進入狀態，最後大家玩成一片，所有人都情緒高漲了起來，這就是情緒渲染。

把這個概念套用到聊天上，就會發現：有些人很活潑健談，所以跟他聊天的時候，很容易感染這樣的氛圍，也覺得很開心；相反的，有些人總是憂鬱低落，其他人因為不想被他感染負面能量，所以會盡可能的遠離他。

曖昧的氛圍也是如此，如果對方對你並不排斥，甚至有點好感，那麼當你的言談間透露出「喜歡」、「想更靠近」的能量時，對方就有可能被你帶動。反之，如果對方對你完全沒有一絲好感、此刻對於曖昧沒有半點興趣，那麼不管你如何極盡能事的勾引、撩撥，基本上都不會有效，甚至還會引起對方的反感，開始跟你保持距離。

這也呼應到前面說的：「要挑喜歡你的人」。因為感情就是這樣，如果對方一點意思也沒有，那麼你就要用很大的力去強求一個局，而且這個局還很容易散，最後往往船過水無痕，竹籃打水一場空，白白浪費了青春而已。

以上五點，就是在開始學習如何聊天以前，我想幫各位建立的「對於談一場適合自己的戀情有幫助的正確觀念」，我由衷的希望所有閱讀本書的讀者，不僅聊天功力能更上一層樓，在其他方面也能夠有所斬獲。

2. 成為健康有魅力的「自我中心」人

接下來要講的，也是不限於聊天、不限於戀愛，只要你想讓自己的人生過得更好，都應該要訓練的項目，就是「自我中心」。

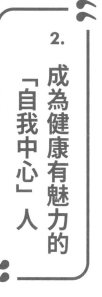

在華人的文化裡，「自我中心」一向是個貶義詞，它表示一個人自私自利、只在乎自己、不聽他人意見、一意孤行；但在西方文化裡，「自我中心」則相當受到讚揚，因為西方社會更重視個人主義，所以一個人如果沒有自己的想法、不表達自己的意見、太好相處，反而會顯得沒有個人特色及魅力。

好啦，那麼在我們這個受到大量西方文化影響的華人社會裡，「自我中心」究竟是好是壞？是自私自利還是個人特色？是一意孤行還是慧眼獨具？是有魅力還是討人厭？在這個章節裡，我們要花點時間來討論這件事。

「自我中心」跟「自私自利」有什麼不同？

「自我中心」跟「自私自利」聽起來似乎有點類似，但其實兩者在本質上有極大的不同，只是多數人把它們混為一談，導致人們不是提倡著自我中心，實行的卻是自私自利，就是害怕變得自我中心。

「自我中心」指的是把能量、思想、注意力、精神全都集中在自己身上；而「自私自利」，則是把利益、好處、感受力全都集中在自己身上。

所以其實人人都應該要做到自我中心，因為自我中心代表的是一個人把全部的精神力與創造力都聚焦在自己身上。一個真正自我中心的人，會專注的朝自己的理想前進、把心力投注於自己有熱情的事物、集中注意力在自己該完成的事務上，專心打造自己想過的人生、發揮最大的創造力。

這種把所有心力全都灌注在自己身上的人一定會有自己的想法和意見，會有自己的主張，也會有強烈的個人特色。他們非常的重視自己，因為他們是世界上花最多心思在自己身上的人了，所以他們會比較容易了解自己的喜好跟堅持，不會過度討好他人，懂得遠離浪費自己時間、跟自己合不來的人。

一個健康的「自我中心」的人其實沒什麼問題，唯一需要注意的，只有在與他人意見有所出入時，該如何達到良性的協調而已。

「自私自利」的人就不一樣了。他們專注的焦點不是自己「要做什麼」、「想做什麼」，而是「我要得到什麼，別人怎樣不關我的事」、「我感覺怎樣，別人怎麼感覺是他們家的事」、「我損失了什麼，別人必須補償我」。跟自我中心的人不同，他們把大部分的時間用來比較、算計，而不是用來創造，所以他們的生活很難開心，畢竟他們沒有太多的能力創造更多自己想要的事物，只好凡事錙銖必較，讓自己盡可能獲取最大利益。

在這個提倡「做自己」的年代，許多人把自己的自私自利、難相處，當成了做自己、個人主義，還認為別人不喜歡自己，是因為曲高和寡、他人不懂得欣賞，卻沒想過，可能單純只是自己的所作所為很討人厭而已。

真正對自己、對別人都好的做自己，是不會想到要傷害他人、佔別人便宜的，只是因為重心在自己身上，所以無法永遠顧及他人、配合他人，但不代表當事人心懷惡意或難相處，這是出發點上的不同。

「自我中心」跟「自私自利」的出發點

舉個例子，很常有學生會問我：「如果對方臨時約，或常常在約好後又要改時間，或是遲到爽約，那我到底該生氣還是該體諒？這時候我應該要展現我的界線、捍衛我的尊嚴，還是應該要表現得好相處一點，免得對方覺得我很難搞？」

關於這題，其實可以從兩種切入角度去思考：

第一種思考模式：對方是否是慣犯？在其它事情上是否依然故我、對你沒有絲毫尊重？

假設對方總是臨時約你、總是約了以後又跟你改時間，甚至常常遲到爽約，那麼我覺得你沒必要為了這個人生氣，你應該直接不再跟他聯絡，因為他根本沒有基本的禮貌，也不尊重你，跟這種人你要談什麼戀愛呢？趕緊讓他哪邊涼快哪邊去，換個合理的對象吧！

那假設對方並非慣犯，只有少數時候出現這種情況，除了表達自己的歉意，也有做出具體的補償（馬上給你下次時間、實際請吃飯送禮……等等），那麼就可以把對方的情況列為不可抗力因素，不用太在意。因為你對一個有不可抗力因素的人生氣是沒有意義的，情況既然不是他能控制的，你生氣也只是讓他內疚而已，何必呢？

第二種思考模式：我在意嗎？我在意的是什麼？

如果你其實一點也不在意別人總是臨時約你、總是突然改時間和遲到，那其實也不用裝得很在意，順其自然就好。

如果你很在意別人突然改時間、打亂你的安排，或是遲到浪費你時間，那麼你就得直白的告訴對方。一旦你說出口，會出現三種情況：一，對方覺得你很難相處，從此跟你疏遠；二，對方覺得很抱歉，從此痛改前非，不再用這樣的方式跟你相處；三，對方口頭上道歉，但後續行為仍然沒有改變。

很多心裡明明在意卻不敢說出口的人，就是擔心會出現第一種狀況。但如果出現第一種情況，其實就表示你們兩個人不合，而他也沒有那麼喜歡你，即便現在不疏遠，未來也很容易因為某些事情漸行漸遠，沒有什麼好可惜的。即使你假裝自己不在意、裝得好像很好相處，你的不滿仍然會從其它地方透露出來，你總會用其它管道向對方施壓，希望他改變，而這種作法，最後的下場多半是對方覺得你陰陽怪氣、情緒化，仍然不會有什麼好結果。

如果出現第二種情況，那恭喜你遇到一個有禮貌、懂得尊重別人，又很重視你的人，請好好珍惜跟對方之間的感情。

但第二種情況出現的機率其實不高，因為真的在意的人，多半一開始就不會出現這種行為。最常出現的通常是第三種：口頭道歉，然後死性不改。而多數人在面對到這種情況時，通常也就只能無奈，然後什麼也沒改變，依舊用自己不喜歡的方式相處下去。

這就是標準的「不自我中心」。對於一個自我中心的人來說，自己的時間是非常重要的，他們會認為：「如果一個人現在無法尊重我的時間，那未來也不會尊重，我沒有這麼多時間浪費在這種人身上，謝謝再聯絡。」

這是自我中心的人會有的出發點，因為他們對自己的時間高度重視，畢竟他們有很多想做的、要完成的事，實在沒時間浪費在被別人更改時間上，所以他們不會讓自己被不尊重自己的人困住。但他們並沒有要傷害對方或不顧慮對方的意思，所以他們可能會客氣的和對方保持距離，或是直接講大白話，讓對方進入「改與不改」的二選一裡——如果對方無法改變，那就分道揚鑣；如果對方願意改變，那就問題解決。

這是一種非常乾脆果斷的作法，比起在心中默默隱忍，這樣的方式有效率又真實，能夠幫當事人**快速篩選掉不適合的人選，也讓想留下來的人搞懂遊戲規則**。

但對於不懂得如何自我中心的人來說，這是極其困難的，因為對他們來說，「自己的一切」並沒有貴重到讓他們願意跟別人挑明了講這些，尤其對方如果還是自己有好感的對象的話，更是難以啟齒。

「自我中心」的人具有影響力

我常說：「自重者，人恆重之。」如果一個人不覺得自己是貴重的，那誰會尊重他呢？真正自我中心的人會自然而然的，展現出一種「自重」的態度，因為他們真的很忙，忙到他們沒時間跟你在那邊瞎攪和。一旦他們表現出對自己時間的尊重，別人也會開始尊重他的時間。

一個自我中心的人才會真正具有力量，因為他們把所有的能量，都挹注在與自己有關的事物上，例如自己的目標、自己的興趣、自己的理想、自己的事業、自己的專長……等等，而不是投注在別人的看法、他人的心情、別人對自己的感情等無法控制的事物上。

人把時間花在哪裡，就容易在那裡有所成就。自我中心的人把時間、能量都花在自己身上，久而久之，他們必然會為自己累積出某些力量，或許是財力、專業領域的公信力、外型上的魅力、事業上的地位權力或某些特殊技術的實力，這些都會強化他們的吸引力跟影響力。最後，他們會變成在各方面都更有力量的人。尤其在獲得更多社會資源及認同後，他們的自信心會自然而然的增強，進而影響他們的異性吸引力；同時，外在條件的提高，也會讓他們成為炙手可熱的潛在對象。他們內在與外在的進化，都會讓他們在兩性市場的身價不斷提高。

反之，一直把時間花在關注別人的八卦，或是滿腦子一直想著別人愛不愛自己、對自己是什麼感覺、為什麼今天訊息回這麼慢、是不是跟別的異性出去，一直胡思亂想、自尋煩惱的人，最後就只會得到更多的煩惱，而不是更強的吸引力，畢竟這樣的人把時間都花在煩惱上了。

所以如果你想讓自己的感情更加順利，你得把能量集中在自己身上，而不是別人身上，唯有如此，你才能擴大自己的影響力並拉高自己的吸引力，讓別人想靠近你，而不是拼命追在別人屁股後面跑。

如何做到「自我中心」？

你可能會想：「把能量集中在自己身上，聽起來很玄，是要打坐冥想的意思嗎？」

其實「把能量集中在自己身上」的具體作法非常簡單，就是：**把注意力放在自己能控制的事情上，不能控制的不要管。**

舉例來說，你能控制別人回你訊息的速度快還是慢嗎？顯然是不行。那你能控制別人要回你什麼嗎？顯然是不行。你能決定別人要不要回你嗎？顯然是不行。你能控制別人要不要愛你嗎？顯然還是不行。

那你能控制什麼？你能不能控制你要回對方什麼訊息？可以。你能不能控制自己不要講負面的話？可以。你能不能控制自己有禮貌？可以。你能不能控制自己主動開話題？可以。你能不能控制自己什麼時候回對方訊息？可以。你能不能控制，在對方沒回你訊息的時候，努力工作、精進自己，讓自己在事業上更進步、更有成就？可以。

你能不能控制即使人家比較晚回訊息，你也笑臉迎人很好相處？可以。

上述這些就是你能控制的事，如果你不斷把時間精力花在研究什麼話題別人會有興趣、怎麼說故事別人會想聽、禮貌跟疏遠的界線該如何拿捏、怎麼開話題會讓人想快點回覆……，那麼你很快就不用再擔心別人為什麼不回訊息或為什麼回很慢了，因為你在「聊天」這件事上建立了屬於你的能力，所以你產生了影響力跟吸引力，別人自動會被你吸引。

那如果你總是把時間花在不能控制的事情上呢？最後你什麼都不會得到，因為能量沒有著力處，所以你的力不會產生作用，自然也不會有所得。

我認為，戀愛的基本心法就是保持在「自我中心」的狀態——將自己立於最重要的位置，不偏不倚。**不因為他人的想法或看法而感到恐懼，也不為了討好他人，而故意偽裝自己。重視自己，把時間花在自己身上，但同時保持與他人交流的意願，不封閉自我。找出你會感到舒服的相處模式，篩選和你合得來的人，讓合不來的人離開，不要強求要改變他人，而是接受他們本來的樣貌，也展現你本來的姿態。如果你本來的樣貌糟糕到連你自己都接受不了，那麼就請調整你自己，讓你變成自己喜歡的樣**

子，而不是變成別人喜歡的樣子。

但如果人太一意孤行，戀愛還是會不順的，所以當你學會不偏不倚的把自己放在中心位置後，下一步就要學習如何與人相處——看懂別人的情緒，在不同時機及不同場合，用不同的方式應對，盡可能多體貼別人，不與他人交惡。

只要能夠做到這兩點，不需要太高深的技巧，其實就能得到很不錯的人際跟感情關係了。

最後，還是要提醒大家：「自我中心」的重點在於**發揮自己最大的力量**，而不是只以自己為主。它跟對待他人的態度沒有關係，只跟把注意力集中在哪裡有關。「自我中心」不代表很難搞、很難約，什麼事都要別人配合，而是以自己的目標為主，其他人願意一起就一起，不能一起也無所謂，絕對不是勉強別人哦！

3. 當負面情緒來襲，如何不讓它影響關係？

前文提到「建立健康的自我中心」，但能不能夠確實的做出對自己有利的決定，有很大一部分取決於當事人能否妥善的處理自己的情緒。

「情緒」跟「感情」息息相關。多數人以為最容易讓一段關係走向滅亡的，不是有第三者，就是溝通不良，再不然就是三觀不合。但事實並非如此，真正最有可能成功破壞關係的，其實是混亂的思想所帶來的情緒問題。

從事戀愛教練將近十年，我看過許多人因為一時情緒失控而搞砸關係，或是因為情緒問題導致感情破裂。不管是交往前還是結婚後，情緒都具有同樣的破壞力。

有些人因為長期處在憂鬱、暴躁、憤世嫉俗、沒自信……等等的負面情緒之中，導致他們渾身上下散發讓人敬而遠之的氣場，不要說談場戀愛了，可能連交朋友都有困難。

有些人則是社交無礙，外在條件也相當不錯，一開始對異性的吸引力都很足夠，但到了一個程度卻很容易把關係搞爆，原因不外乎是：得失心太重、患得患失、緊張、不安全感作祟等負面情緒爆棚，導致開始做出各種脫序、讓人壓力大的行為，最後關係也就因此結束了。

最後一種，則是在進入穩定的關係之後，容易把對方所做的一切視為理所當然，不但不感恩，還會挑剔、抱怨另一半。或是本身情緒控管不良，容易突然暴怒、低潮，讓伴侶提心吊膽，都會削減關係中的信任感及安全感，造成彼此嫌隙日益擴大，關係自然會生變。

不論在哪個階段，「情緒」在感情裡有著舉足輕重的影響力，同時也是所有人在感情裡最難克服的問題。正因為它是這麼的不容忽視，所以在這一節裡，我要花一點時間從幾個不同的層面，說明如何應對它。

負面情緒總是會出現的，請放心

要好好跟自己的情緒相處，就必須對它有正確的認知，而你要知道的第一點也是最重要的一點，就是：負面情緒永遠都會出現。

在我得知這個概念時，真是大大的鬆了一口氣：原來有負面情緒是正常的，不是因為我不夠努力或修行不足！

這個觀念非常重要，一旦你具備這層認知，就能夠用平常心的態度去面對自己的負面情緒，而不是帶著譴責來對待已經感到痛苦的自己。每次只要負面情緒出現，就把它當作一次單獨的事件，你要做的事情並不是煩惱為什麼又心情不好了、又生氣了、又衝動了，而是利用下面的方法，好好的面對這些情緒，並且慢慢的訓練自己超越它。出現了，就再超越，又出現了，就再超越……，一次又一次的超越，就是你唯一需要做的事。

標記負面情緒，接受它就是現在「真實的你」

當負面情緒出現時，要做的第一件事，就是「發現它」。

「發現它」指的是你有意識的發覺自己目前正處於某個情緒狀態中，例如你發現：「我在發火」、「我現在很傷心」、「我覺得很不安」、「我受到驚嚇」……，這些都是有意識的發覺自己目前的情緒。

你可能會想：「誰會不知道自己正在生氣？」直接發火是一回事，但有意識的察覺自己正在生氣又是另一回事。

請你回想一下，當你生氣時，多數的情況是以下哪一種：

A：心裡想著剛才發生的事，越想越生氣：「他剛那是什麼態度？有必要這樣講話嗎？好好講話是會死嗎？我是哪一點得罪他了？莫名其妙！」

B：對於剛才發生的事感到很憤怒，並且腦中清楚浮現：「我正在生氣！」的訊息。

多數人應該都是A吧！如果沒有做過覺察的練習，要清楚意識到自己時時刻刻的想法和情緒，其實相當不容易。

情緒往往躲在潛意識裡悄悄的影響我們，如果沒有意識到它，只是放任自己的思緒奔騰，就等於幫情緒添加燃料，讓它燒得更旺。

這就是為什麼我們會越想越氣的原因：每個念頭都等同一把柴，每想到一個，就是將一把柴往熊熊烈火裡丟，自然就越來越氣。相反的，只要不幫它添加燃料，火慢慢的就會熄滅，你根本也不用提水來澆。

舉例來說，如果你走在路上被人撞了一下，對方沒道歉，頭也不回的往前走，你可能會感到很生氣，覺得這人真沒禮貌，但只要你繼續往你要去的方向前進，你很快就會忘了這件事，生氣的情緒也就消失得無影無蹤。

但假如你在當下認為對方是看你好欺負才撞了你也不道歉，那麼你就會越想越氣，並且開始產生各種想法：「是怎樣？長得矮就好欺負嗎？就不用道歉嗎？這人也太沒家教了吧？爸媽怎麼教的？現在的教育這麼失敗嗎？連道歉都不會嗎？這個國家已經沒救了！」接下來的大半天，你可能都會為了這件事氣憤難消。

這其中的差別，就在於你有沒有給你的情緒添加燃料，也就是你有沒有在「增生情緒」。

不是只有憤怒會被增生，不安、悲傷也都是常見被不斷增生的情緒，像是「他為什麼今天這麼晚回訊息？他這兩天感覺都對我有點愛理不理，我有做錯什麼嗎？會不會是他認識了其他人？上次他講到那個同事的時候，感覺好像很高興，難道是那個同事嗎？那個同事有什麼好？我對他這麼全心全意的付出，那個同事要怎麼跟我比？憑什麼？男人果然都不能信任！」對方明明只是比平常晚了一點回訊息，在當事人腦中已經演變成一場背叛的八點檔大戲，這就是為什麼很多男人上完廁所沒蓋馬桶蓋，最後在老婆口中會變成「你根本不愛我」。

悲傷也是一樣，許多人的哀怨都來自於不斷的幫自己的悲傷添柴加薪，讓自己沉浸在一個比悲傷更悲傷的情境裡，例如跟對方吵架，回到家躺在床上默默垂淚，心裡想著：「或許這段關係就到這裡了吧，他今天說出這種話，不就表示他心裡其實已經沒有我了？如果他還在乎我，一定不會這樣吧……真好啊，為什麼其他人的戀愛都這麼順利呢？為什麼我似乎永遠都無法獲得幸福呢？我究竟做錯了什麼，我只是想要一個簡單的幸福，卻這麼困難？看，他到現在都還沒傳訊息給我，一定是跟別人出去了吧？如果在乎我的話，早就打來了不是嗎？到現在都沒消沒息的，一定是覺得跟我分開很痛快吧！果然，這段關係打從一開始就是個錯誤，即使再怎麼相愛，終究敵不過現實……」其實不過就是吵架，但當事人卻在心裡上演了一場動人的愛情悲劇，除了讓自己流淚到睡著，其餘什麼作用也沒有。

可是一旦你發現了自己的情緒，並且把它標記出來，只是專注的盯著它看，其它什麼事也不做，你會發現，它很快就會消失，而且速度之快遠遠超出你的想像。

例如當你赫然發現：「啊，我正在不安！」你其實就已經中斷了增生情緒的動作，因為此時此刻，你完全意識到自己正在不安，注意力全部集中在這上頭，你無意識增生情緒的行為就被中止了。接下來，你只要專心的感覺你的不安，並且「不期待它有所改變」，你會發現這股不安的情緒很快的從你身上流過，一個不小心，你的思緒就轉到了「等下要吃什麼」、「昨天那件事好好笑」等完全無關的事情上。

「不期待它有所改變」是其中最重要的關鍵，因為一旦期待它有所改變，就是在為它增加柴火，即使是抗拒也是一種關注的能量，只要情緒獲得了關注就會擴大（同理，快樂也是，所以要多關注自己的快樂）。

只要你心中產生了：「啊！好煩，為什麼我這麼容易不安」、「我要趕快平靜下來，這樣不行」、「可惡，為什麼又來了，為什麼我就是這麼沒安全感」、「沒事沒事，這沒什麼好怕的，沒什麼大不了的，冷靜」等等的想法，就表示你期待它有所改變，那麼它非但不會自然的流過，還會變得更加糾結，因為除了原本的不安以外，現在你還多了希望趕快平息的焦躁、對自己的失望與嫌惡、認為練習沒有用的挫敗憤怒，整件事從單純的不安，演變為一起「我好糟糕」的自我厭惡事件。

你得接受它現在全部的樣貌，即使你發現當你標記出情緒後，它仍然久久沒有消散，那你就先接受它沒有消散。一旦你試圖抗拒，情緒就會變得更加糾結複雜。所以無論如何，就先單純的看著它並接受它，這是最容易的方法。

實況轉播

當你發現自己心情不好，但不知道怎麼靜下心來專注的盯著自己的情緒時，有另一個非常簡單好用的方式，能夠讓你更快速的接受現況，那就是「實況轉播」——把自己變成像一個正在播報新聞的記者，有意識的在心中（如果情況許可也可以說出來）即時的播報自己現在的心理活動。

例如當你意識到自己正在拖拖拉拉逃避工作，就實況轉播它：「我正在逃避，不想工作。」接著注視這個念頭一下子，不要有罪惡感也不要排擠它，只是如實的看著它。接下來，你可能會出現下一個念頭，把它也轉播出來：「因為我不知道要怎麼做，我不想面對那種做不出來的挫折感。」此時，你可能會感覺到挫折與無力，感受它就好，其它什麼也不必做。

細細的感受你的感受後，你可能會發現你的身體裡還有某些細微的感覺，去感受它，看看它是什麼，然後實況轉播它：「我很擔憂，我怕我其實沒辦法把這件事做好。」單純的感受浮現上來的憂慮，什麼也不做。

一小段時間後，這種憂慮感多半會慢慢消失，此時，往往會出現一些新想法，例如：「不然先從會做的做起好了」、「可是我真的想做好，所以我還是想做做看」、「如果真的不會，就去請教別人好了，自己關著也不是辦法」……，這些並不是你有意為之的「正向思考」，而是當覆蓋在你的堅強韌性上的負面情緒慢慢褪去，自然而然會出現的反應。

我們並不需要強迫自己往好處想，這麼做的效果往往也相當有限，所以我們要做的，其實就只是清楚的意識到它，並且感受它，等到它消散之後，不同的想法會自然浮現，只要等待就好。

次級情緒

如果標記了情緒，也做了實況轉播，但情緒一直沒有消失，該怎麼辦呢？

除了前面講的「對抗情緒」會導致這個現象以外，還有一種可能，是你所標記的情緒屬於次級情緒，並非你最原始的感受。也就是說，在這個情緒之前，還有另一個情緒沒被發現。

最常見的就是吃醋。許多人會因為吃醋而大發雷霆，不管對方再怎麼解釋也沒用，因為吃醋所表現出來的憤怒只是次級情緒，最初始的情緒，其實是不安。

「不安」幾乎是感情中最常出現的情緒了，其實人們所說的「得失心」、「患得患失」，都只是在形容不安。

但多數人很難明確意識到自己正在不安。正因為沒有辦法明確的意識到它，所以多半只能放任自己不斷的胡思亂想、鑽牛角尖，讓負面情緒擴大到會潑濺出來的程度，感情當然就容易不順。

當你發現自己似乎因為感情而產生負面感受時，可以先留意一下是否自己正感到不安（你會發現十之八九都是）。接著，只要採取前面的作法，好好的接住自己的感受，它就會慢慢被消融掉，你的心緒也更容易恢復穩定。

練習訣竅

1. 剛開始要從小小的情緒練習起，逐步體驗情緒漸漸消融的感覺，就會越來越能夠掌握，也會對於「情緒終究會過去」的事實產生信心。

2. 可以每天花1～3分鐘去觀看自己當前的感受，只是看著，什麼也不做，3分鐘到了就去做別的事。等到你越來越熟悉這個作法也從中得到好處後，可以再考慮加長每日的練習時間。

3. 注意自己是否對自身有某種政治正確的期待，例如希望自己再也沒有負面情緒，若有的話，就接受這樣的自己，畢竟在此刻，這就是真實的你。

> **透過日常練習，減少負面情緒的產生**

只要持續上面的練習，一段時間後你會發現你對於自身的情緒及感受變得更加敏銳，但不是過敏——你會更快覺察到自己有某種感受，而且不再擴大它，甚至可以在更短的時間內將情緒代謝掉，恢復平靜的心情跟生產力。

當你越常處於平靜之中，就有機會產生更多的同理心，慢慢的你會理解到，你的痛苦並不特別，因為所有人都跟你一樣，想要得到平安、幸福跟快樂，只要達不到，所有人都跟你一樣痛苦，我們與他人其實並沒有不同。

這個概念會讓你的心變得柔軟，視野變得開闊，並且產生一種特別的安全感——我很普通，我跟所有人一樣，我不是特別悲慘的，其實每個人都經歷過跟我一樣的痛苦與悲傷。

當你意識到這點，就開始能夠從痛苦之中走出來，不再沉溺其中。這時候，試著抬起頭來，看看你的四周，試著找出一件令你開心的事：你有隻很可愛的狗、你的床很舒服、你每天都吃得飽、今天的天氣很好、你還有份工作可以養活自己、你有言論自由、你可以自在的四處走動，而不是躺在病床上……，無論是什麼，去找出一件令你感到開心的事。

找到後，對著它微笑，並且感恩它，謝謝它為你的生活所帶來的美好。接著，每天練習做這件事，尤其越是不開心的時候，越是要提醒自己：抬起頭來，看看你的四周，一定有件事情會令你開心的。

當你培養了「所有人都跟我有著一樣的痛苦，也都和我一樣希望平安快樂」的認知，以及學習用感恩的心，在日常生活中尋找快樂的事以後，你看待世界的角度將開始有所不同，而這個不同的角度，會減少你生活中的不快樂。

當負面情緒出現時，我們要接納它，接納這就是此時此刻真實的我。但當負面情緒沒出現時，我們要透過實際的修行來改變自己的生活情況、思維習慣、看待事物的視角，如此一來，才能夠真正減少負面情緒的產生，而不是永無止盡的處理它。

未來如果有機會，我會花更多時間來討論「如何快樂談戀愛」，或是你可以搜尋我的兩個網站：「AWE 情感工作室」跟「亞瑟天使」，會有更多相關的主題，但在這裡，「如何處理情緒」的問題就先告一個段落，接下來讓我們看看，在情緒平復後，要如何實際調整思維，才能改善感情現況。

4. 改寫感情狀態的三大步驟

所有思維都只分成「有效」跟「無效」兩種，只要能讓你更接近你的目標，就屬於有效思維；反之，不論它有多麼合理、多麼正確、有多少人認同，只要無法讓你更接近你的目標，那就是無效思維。

每個人的情況及擁有的條件資源不同，所以對每個人來說的有效思維都不盡相同。例如對於富二代來說，他們的致富法門就是不要把家產敗光，只要牢牢守住上一代留下的財產，安穩度日，生活就可以過得很好，這就是他們致富的有效思維。但對於一個沒有富爸媽、只能靠自己的人來說，「牢牢守住目前的財產」只會因為通膨而變得更窮，所以屬於無效思維。

另外，在不同情境下，有效的思維也會有所不同例如跟某些人相處，大喇喇的有話直說可能是個不錯的策略，但當你在面試新工作的時候，「有話直說大喇喇」的策略就不見得適用了。

所以一旦你發現自己採取的作法無效，千萬不要猶豫，改變策略就對了！即使你不知道怎麼做才是有效的，至少要選擇先改變，畢竟原本的作法已經被驗證無效，只要和它不同，成功率起碼就比之前的高了一點。只要持續嘗試，反覆淘汰掉無效作法，最後你一定會找出一個有效的方式。（「換個對象」有時候也是非常有效的方式）

只要你選擇的策略是有效的，立馬就會看到效果。例如原本對方對你愛理不理，但你丟出了對方感興趣的話題，聊天氛圍會馬上熱絡起來；或是雙方一直以來的相處都只是普通朋友，但只要採取的策略正確，瞬間就能產生火花。除非你的情況已經非常險峻、糟糕透頂，那麼短期間內恐怕不會馬上谷底反彈，但起碼可以先達到止跌的效果。

讓自己保持在靈活的狀態，隨時因應情況的不同而採取不同策略，就能讓自己的勝率達到最高。但是情況百百種，我們要如何達到「有效思維」呢？有三個步驟：

1. 檢討因果

首先，當你發現事情的進展一直不如自己預期，例如不管怎麼聊天，別人都對自己愛理不理、每次約都約不出去、不管明示暗示，對方都沒有要跟自己結婚的意思……，只要遇到這種「不管怎麼努力都沒辦法突破，甚至每況愈下」的情形，你就要先意識到你原先的方法在當前情境下是無法作用的。

接下來，你得開始覆盤仔細去回想過去你所說的每句話、做的每件事，讓這段關係產生了什麼變化。例如你可以打開通訊軟體，看看是不是在你說了什麼話之後，對方開始明顯變冷淡？或是看看你邀約的方式是不是都很類似，而每次都沒好下場？

要修正自己，就必須先找出錯誤，發現自己這盤棋從哪裡開始下壞了，下次才不會再犯。所以花時間去檢討自己的對話、檢視自己與他人相處的方式，以及後續的效應，是幫助我們找出無效思維的有效作法。

感情問題就像癌症一樣，即早發現即早治療，越到末期，救回來的機率不但極低，整個過程也是苦不堪言。偏偏很多人會因為不想面對自己的錯誤而卡在這關。即使心裡隱約知道自己搞砸了，但又不想承認，便繼續胡搞瞎搞下去，把整個局勢弄得更糟，到最後找上我的時候，勝率可能也只剩下三四成了。

所以建立有效思維的第一個步驟，就是先發現當前的思維無效，並且揪出錯誤的部分及具體策略。

2. 創新嘗試

接下來第二步，並不是要直接修改具體的行為，而是先調整大方向的思維。

一個人之所以會產生一個行為，必定有一個更大的前提在運作，這個大前提帶動了後續一連串的實際行動，所以如果不調整大前提，實際行動會非常難以改變，而這個大前提就是針對某種情境的思想體系。

舉個例子：小時候我總認為，一個好男人就是要默默付出、不花言巧語、用行動來證明自己的愛，凡是巧言令色、很會說甜言蜜語的，一定都是渣男。

在這種思想體系的前提下，我一定會做出符合這個思維的行動：照顧對方、接送對方、服務對方，憨慢供威，但系做人實在。

然後呢？然後就變成工具人了。

如果在我的這種思想體系下，想要強行改變我的具體作法，例如要我講些好聽話，那麼我一定會很抗拒，畢竟我覺得很會講話的都是渣男，所以會很難執行新的指令。或是我會加入一些奇怪的元素來中和我的不自在，例如跟對方說：「你今天看起來蠻漂亮的，真不習慣」，明明講前半句就可以，卻偏要加上後半句讓人火大，真是莫名其妙。

所以，我必定要先認知到自己原本的思想體系，不論正確與否，至少目前為止，對於我想交個女朋友談場戀愛來説，是完全無效的。接著我才能嘗試幫自己灌輸新的思想體系。

記得，有效思維是不論對錯的，因為一旦卡在對錯就會沒完沒了，所以有效思維的重點，完全在於「有效」二字，黑貓白貓，會抓老鼠的就是好貓。

但它仍然需要符合三個基本要素，否則即使在短期間內可能會產生效果，長期來説仍然是危害會遠大於利益。

這三個基本要素是「你好」、「我好」、「世界好」。「你好」是指對對方有利；「我好」是對自己有利；「世界好」是對其他大眾有利。

所以如果你想出來的策略是假裝自己是富二代，並且拿別人的假照片來欺騙對方感情，那就不符合有效思維的條件，因為並沒有符合「你好」；又或是你想出來的方式是委屈求全、任勞任怨，只要對方願意留在你身邊，不管他怎麼對待你都無所謂，這也不符合有效思維的條件，因為並沒有符合「我好」；又或是你們兩人情投意合，決定組成鴛鴦詐騙集團去行走江湖海撈一票，那麼也不符合有效思維的條件，因為顯然對世界來説並不好。

那要怎麼做才能同時符合三好呢？如果以上述我個人的例子來說，我首先可以考慮把「讓別人開心」的概念加進去，而不是只顧著做「我認為對對方來說好的事」。「利他」有一個非常關鍵的重點在於這不僅要是對對方有利的，同時對方也要能夠認同、也想要，才能算「利他」。很多父母覺得自己一心為了小孩好，花了大錢投資在子女的教育上，但孩子卻不領情，甚至對父母感到怨懟，原因就在於這並不是當事人想要的，自然就稱不上「利他」，只是單純的控制。

所以如果在談感情或人際關係上，我建議最簡單快速的利他方式，就是想辦法讓別人開心。當然，如果你還能在其它方面協助到對方的話更好，但光是能做到讓別人開心，就已經非常好了。

但一定有很多人都做過「讓別人開心」，可最後的結果卻不如預期，好一點的，可能兩個人還是好朋友，差一點的，可能感情被利用，不是被當成工具人，就是被拿來當作填補空虛的對象或滿足肉體欲望。

為什麼會有這個現象呢？因為當事人通常沒有同時達到「我好」。

前面說到了，有效的基本要素是「你好」、「我好」、「世界好」。如果只有達到「你好」，卻沒有其它兩者，那麼很可能就會變成委屈求全的討好，這對當事人以及整段關係都是不利的。所以在感情裡，「你好」跟「我好」是同等重要的，惟有兼顧兩者，感情才有辦法順利發展。

那要怎麼想，才能做到「我好」呢？你得明確的知道自己想要什麼，同時也明白的告訴對方。如果對方同意，那你們就能繼續；如果對方不同意，你也不必委屈自己。

例如你在網路上認識一個女生，跟她相談甚歡，你很想跟她見面，更深入的了解對方，那麼你就要直接約她，甚至可以直接說：「我覺得跟妳聊天很開心，我很想跟妳見一面，再更了解妳一點。」這就是一種很明白的表達，如果對方有這個意思，就會跟你約；如果對方沒這個意思，也會直接拒絕。

明快的表達對於雙方都有好處，有意思就有意思，沒意思也無妨，有時候不要花太多時間玩曖昧遊戲，千萬不要忘了你最終的目的不是跟別人搞曖昧，而是迎來一段美好的關係。

但在此之前，你首先要做到利他，也就是讓對方開心、讓對方也覺得跟你相處很愉快。有些人只想到利己，滿腦子只擔心對方浪費自己時間，每次和別人相處時都像面試官在問話一樣，讓別人感到很不舒服。這樣的人不管再怎麼明快的表達，永遠只會收到負面的回應，因為在他們身上，「利他」的心態是不存在的，他們只在乎自己。

最後「世界好」的部分就比較簡單，基本上只要不做奸犯科、做傷天害理的事，您倆能夠相親相愛，甚至還願意增產報國，那就是對世界好了。

所以在感情裡面，最重要的就是「利他」跟「利己」，而「利他」的順序會比「利己」稍微優先一點。因為如果你把自己的利益看得比較重，對方就會為了自我保護而武裝起來；反之，如果你先向對方釋出善意，也讓對方得到好處，那麼對方就會對你產生好感及信賴感，自然比較容易也對你好。但請切記，這指的是順序上的優先，而不是完全放棄「利己」哦！

當你調整完大方向的思想體系之後，再去調整具體的步驟就會容易得多。例如當你把「讓對方開心」放在優先考量，那麼你就會去留意對方對什麼有興趣、多說討喜稱讚人的話，而不是一天到晚顧著談論自己的豐功偉業，希望藉此展示自己有多優秀。

如果你對於具體的調整還是很沒概念，本書後面的內容會提供一些方法給你參考。另外，還有一個非常實用的方法，叫作「反著做」：把所有你以前所做的沒用的事，全部反過來做就對了！

以前你照三餐問候對方，現在都不問候就對了！

以前你都會跟對方鬧脾氣，現在都笑嘻嘻就對了！

以前對方問什麼你就答什麼，知無不答，答無不詳，現在就簡單回答，甚至不回答就對了！

以前對方久久沒回，你就會去問對方是不是在忙？怎麼沒回？現在不問就對了！甚至對方說：「不好意思，今天比較忙，沒看訊息」，你還要說：「是喔？我都沒發現」。

以前你都會優先把時間留給對方，現在儘管去安排自己的事情就對了！

你以前做的事情鐵定多數都是無效的，否則你早就成功了不是嗎？既然如此，何不把一切全部反過來做，這樣成功率豈不是高得多嗎？

「反著做」是我研究戀愛多年以來，覺得最有效、最直觀的方法。只要你能夠先調整自己的思想體系，將之反轉成有效思維，再搭配上「反著做大法」去嘗試各種不同作法，保證你的感情生活會大不相同。

3. 建立模型

在檢討出錯誤，並且嘗試新方法之後，你必定會開始獲得一些回饋。而不斷的收集回饋、不停的修正細節，就會往越來越成功的方向前進，並且產生自信。

學習任何事物最重要的是「取得經驗值」。任何理論或方法不論多麼厲害，如果你只是用想像的，而不去落實，它將永遠不會對你產生幫助，因為學習的唯一途徑就是體驗，如果不取得有效經驗值，你是不可能憑空學會任何東西的。

早年，我有個男學生跟我說：「亞瑟老師，你開的課我全都上過了，為什麼我還是交不到女朋友？」我聽了比他還納悶，心想：「天啊！這實在太糟糕了！難道我的課其實完全沒效果嗎？」於是我問他：「你有去認識女生嗎？」他說：「沒有耶。」

我下巴差點沒掉下來：「不是啊！你都沒去認識女生，交得到女朋友才奇怪吧？從現在開始你去跟十個女生要 LINE，要到才准回來上教練課。」

為了能夠趕快回來上課，這名學生在短短兩週內就設法要到十個 LINE 回來。

「怎樣？有很難嗎？」我問他。

「還好耶！一開始是很緊張啦，但後來我發現，有些人就是會給你，有些人就是不會給，反正就要要看，她們要不要給就隨便了。」

「好，那你這次的作業是去跟五個女生約會，約到才可以回來上課。」

想上課的力量非常偉大，兩週後，他又跟五個女生約完會了。

「怎麼樣？約女生會很難嗎？」

「不會耶！我以前到底在怕什麼，反正我就約，就是會有人要出來，也會有人不出來，反正我就開口，其它就隨便了。」

「好，那你這次的作業是跟三個女生出去兩次以上，做到才可以回來上課哦！」

一個月後，他又完成了任務。不但如此，還直接交到了女朋友。

一個兩年來上過各種課，但卻沒有任何實際行動的人，在兩個月內因為積極的行動，飛快的脱單了。這就證明了一件事：惟有實際行動才能帶來有意義的經驗值，而惟有實際經驗才能帶來真正的改變。

在實際行動的過程裡，你必定會得到正反兩面的經驗：正面經驗代表你得到了想要的結果，大腦就會將這個行為加一分，下次在遇到類似情境時，這個行為被想起來、被你做出來的機率就會高一點；反面經驗則代表你沒得到自己想要的結果，甚至得到了處罰（糟糕的結果），那麼大腦就會將這個行為減一分，下次這個行為出現的機率就會低一點，視情況糟糕的程度而定，如果極其糟糕的話，這個行為不但不會再出現，甚至還可能形成某種陰影。

要讓這些實戰經驗有效率的轉化為你的養分，就必須有意識的檢討及修正，所以你會回到第一個步驟：檢討因果。

這一次你的檢討因果，會比上一次有更深、更具體的理解，因為此刻的你擁有比之前更多的經驗可供參考：對於什麼是有用的？什麼是無用的？你又有了更深一層的認知，如此一來，你便能更進一步的篩選有效的行動及思維，不斷優化你的整體能力，讓自己更上一層樓。

只要每一次你都重複「檢討因果→嘗試新方法→汰換方法→檢討因果」的動作（如果做不到就請個教練幫你），就能在很短的時間裡取得大幅度的進步。當你取得一個令你滿意的成績之後，會因為大腦不斷幫這些有效方法加分，而導致它們不斷出現，當這些行動對你來說變得習以為常，可以不加思索的運作之後，它就成了你無意識的慣性反應，這一切就變成了你的「自然而然」。

現在你知道為什麼當你去請教身邊的朋友如何跟異性相處、詢問他們是怎麼交到男／女朋友時，他們會回你：「就自然而然就在一起啦！」他們之所以無法給你一個確切的回答，是因為他們只是用自己非常熟悉的那套有效作法去跟異性相處而已。對他們來說，一切都是自動化的過程，他們連自己做了什麼都不記得了，當然無法告訴你。

不可否認的，有些人天生的人際敏銳度比較高，對於人際的應對方式就是比較有天份，但即使你不是那個天選之人也無妨，只要找到正確的方法，人人都能夠找到一個適合自己的伴侶。

這就像路痴的人即使一生都沒有方向感，仍然可以靠著導航或問路到達目的地一樣。你需要的只是一套有效的作法跟大量的練習，並且不斷重複檢討修正的過程，只要這麼做，你一定會做得越來越好。

當你一次又一次取得理想的結果，便會開始產生自信——開始有越來越多證據顯示你就是那個你想成為的人，例如人們越來越喜歡跟你聊天、你的朋友越來越多、跟異性相處變得越來越輕鬆、越來越多人約你出去……，**你會從這些現象中，逐步改變你對自己的詮釋**。你會重新認識到，現在的你是個和以前不同的人了，你知道如何憑藉著自己的力量去得到想要的結果，讓自己過上理想的生活。

只要人生順順利利，負面情緒自然會減少。你省下了更多與負面情緒搏鬥的時間，也就有更多時間去過快樂的生活、創造有效的思維。

從此，你的人生走進了一個正向循環，而不是一直在負面情緒中打轉，永遠煩惱被情緒困擾。

所以，從現在開始，幫自己建立「隨時保持有效思維」的習慣，接著我們開始進入本書的核心——人設概念。

第二章

打造獨具個人風格的魅力人設

LOVE

HAPPY！

1. 為何要打造人設——聊天的底層邏輯

很多人都想透過聊天來讓自己在感情上更受歡迎，所以他們往往會問自己：「現在要講什麼話題？」「要說什麼才能讓對方愛上我？」「每天日子都一樣，哪來這麼多話可以講？」

但同樣的問題不管問多少次，結果都是一樣——許多人還是不知道要聊什麼、還是不知道要怎麼讓關係變好、還是不知道要怎麼吸引對方。這其中的原因在於：多數人都不了解聊天的底層邏輯。

如果你並不擅於聊天，那麼你很可能曾經在夜深人靜的時候，窩在床上看著手機上的聊天對話框，痛苦又煩惱的問神說：「為什麼談戀愛一定要聊天？」「為什麼交朋友一定要聊天？」「和人打好關係為什麼要聊天？」「神啊！我只是想談個戀愛，為什麼這麼難？」

但再怎麼悲憤的質問蒼天，你都得不出答案，最後你只好接受現實：「對，想談戀愛就一定要聊天，沒有為什麼。」然後帶著沮喪與無奈的心情，繼續日復一日的和別人聊著言不及義的話題。你可能一點都不覺得有趣也無法感到開心，但迫於現實，你不得不勉強自己，一切都只是為了談場戀愛。

在這樣的處境下，你自然很難改善聊天技巧，因為你完全不了解聊天是如何運作的，當然也就無法隨機應變。即使你看了一些書，學了一些聊天技巧，也容易陷入無法應用的局面，因為你只知道作者運作出來的結果，卻不明白運作的邏輯。

在解答聊天的底層邏輯之前，我們先想：為什麼要聊天？

「因為我想談戀愛啊！不然誰想一天到晚跟陌生人或不熟的人聊天啊！」這可能是你心裡的OS。那麼「談戀愛」跟「聊天」有什麼直接關係呢？

「我也不知道。我只知道很多人聊天聊一聊，對方就喜歡上他／她，所以他／她就順利脫單了。」

很好，我們之所以想跟別人聊天，目的就在於「想讓對方喜歡上我」。

那麼，該怎麼讓對方喜歡上我呢？一個人在最一開始的時候，為什麼會對另一個人產生好感？是什麼東西讓一個人對另一個人產生了吸引力呢？

答案是：人設。

大部分的人認為：一個人之所以喜歡另一個人，是因為感覺；另一部分的人認為：一個人之所以喜歡另一個人，是因為條件。但不管是感覺還是條件，其實答案都一樣，就是人設。

之前有部很有名的紀錄片，叫作《TINDER 大騙徒》，講的是一名男性利用交友軟體認識女性，假裝自己是個多金富豪然後詐騙的故事。

不管那些被騙的女性，是因為感覺而愛上他，還是因為覺得他很有錢，貪圖他的條件，想利用他過上上流生活，被吸引的理由其實都一樣，就是人設——他打造了一個多金、大方、上流、霸氣、男人味的人設，而人們對他所營造的人設產生了反應，認為跟他在一起可以被保護、過著上流社會名媛的日子、被寵愛等等，所以就發生了後續的故事。他用這個精心打造的人設餵養眾多女性的幻想，進而達成自己的目的。

聽到這裡，你可能會很感到很不舒服：「所以你的意思是要我開始騙人嗎？裝成一個不是自己的樣子去吸引人嗎？」

不，你放心，我絕對不會要你這麼做，因為虛假的事物都不長久，只有真實的才有力量。但你必須明白，過去的你之所以在感情上受阻、無法順利脫單，有非常大部分的原因出在**你並不明白自己創造了什麼樣的人設**。

「人設」並非在有意識的情況下才會被塑造，其實每個人分分秒秒都在打造著自己的人設，但卻不自知。

「人設」在戲劇界裡的概念就是「人物設定」，而在現實生活裡就是「形象」——你如何形塑他人對你的印象。所以所謂的「人設」，其實就是你的一舉一動，經過一段時間的積累，而創造出許許多多的形象標籤，最後組合在一起，就是你的人設。

舉例來說，你怎麼判斷一個人是8+9呢？可能因為他染了很金的頭髮，穿了全身名牌老花的衣服，拿著一個看起來像車手的手拿包，牛仔褲穿很低，繫了一條大logo的名牌皮帶，身上有些刺青，嘴裡嚼著檳榔等等，這些條件綜合在一起，你可能就會覺得對方是8+9。這就是形象標籤所組合而成的人設。

再舉幾個例子：一個常受人家照顧，卻從來不回請或送禮的人，就會創造「不知感恩」或「吝嗇」的人設；一個總是笑臉迎人，對人很有耐性的人，就會創造「好相處」、「人很好」的人設；一個常常開玩笑、很能逗別人開心的人，就會創造「開心果」、「有趣」的人設；一個很愛發表高見，不管別人有沒有想聽，但實際上又沒有拿出什麼具體成果的人，就會創造出「自以為是」的人設；一個愛抱怨、總是心情不好的人，就會創造出「負能量」、「衰人」的人設。

上述的這些人設是不是很常見？你身邊一定隨手一抓就是一大把，但你會說他們很虛偽做作嗎？不會！因為那就是他們日常的樣子，那就是他們的個性，只是他們並不知道這些行為會為自己創造出這樣的人設跟人際結果。

所有人都有人設，只是當事人是否具有這樣的意識。例如有些藝人是媽媽人設，只要談論跟親子育兒有關的話題，或是有媽媽的角色要飾演，就會找上她們；有些藝人則是犀利潑辣人設，凡是腥羶色或是需要節目效果的爭議性話題，找他們準沒錯；有些藝人則是才子人設，天才般的作詞作曲能力為他們贏得了大量的粉絲。

政治人物也有人設，那些在競選海報上出現的標語，什麼「會做事，好負責」、「宜蘭的女兒」、「不分藍綠」、「清廉」、「帥哥／美女」等等，也全都是人設。人們會根據自己對人設的喜好，選擇把票投給誰。

這就是人設，沒有好壞。而且不論你接不接受，你的人設都會為你帶來他人的觀感。你所有的言行舉止，包含外形、打扮、長相、隨身物品、肢體動作等等，都是讓人設形成的環節，聊天當然也是。

所以聊天真正在做的事，其實就是運用談話的方式堆疊出你的人設。不論那個人設是好是壞、是吸引人還是討人厭，最終，他人都會從你的每字每句拼湊出「你是個怎樣的人」，並且評估自己是否受到吸引。

如果你了解聊天就是在打造人設這個概念，那麼你就會理解到兩種常見的感情問題是怎麼發生的：

一，如果你和異性的關係一直都很難往你想要的方向推進，表示你在面對所有人時，幾乎都不曉得該如何建立有效人設，因此別人覺得你很沒有魅力。

例如你總是聊些言不及義的話題、每天只會早安午安晚安吃飽沒要穿暖、開一些自以為很好笑的笑話、自顧自的講些對方沒興趣的話題等等，都會讓你塑造出一些不怎麼吸引人的人設。

二，如果你和對象的關係突然急轉直下，表示你在前一次接觸時（可能是約會也可能只是網路聊天），營造了一個極具排斥力的人設，讓對方瞬間對你失去好感，或是產生戒心，也就是俗稱的「人設崩壞」。

例如你在網聊的時候都一直在說自己的收入有多高、有多少資產，但出去約會的時候卻要求AA制；或是平常都表現得像是性開放的新女性，但上完床後卻一直問對方：「我們現在是什麼關係？」

上述兩點，基本上已經涵蓋了所有吸引遇到阻礙、難以脫單的原因。

在關係初期，雙方還沒有進入到真正的長期關係前，吸引人的一定是人設，因為**人們會對人設產生想像**，想像自己與一個這樣子的對象相處，會得到什麼好處。人們都說喜歡「暖男」、「幽默的男生」、「獨立的女性」、「溫柔的人」、「可愛的類型」、「MAN的」……，每一項都是人設。而被這些人設吸引的理由不就是希望被體貼的照顧、和對方相處輕鬆自在、不用負擔另一個人的情緒和經濟嗎？

為什麼大家都說講話要有趣？就是為了建立「幽默」的人設；為什麼要懂得安慰人？就是為了建立「溫暖」的人設；為什麼要對關係輕鬆以待？就是為了建立「自信」的人設。

檢視過去在聊天時，你替自己塑造出來的人設

要改變，首先必須了解自己目前的狀況。所以請你做以下幾件事：

1. 打開你的通訊軟體，翻看你和他人的聊天紀錄，找出你最常說的十句話。例如：「哈哈」、「笑死」、「唉」、「煩死了」、「幹」、「不想工作」、「心情好差」、「這世界好爛」、「我好胖」、「早安」
2. 把這十句話找出來後，分別寫下你對這十句話的印象感。例如：

「哈哈」→敷衍；

「笑死」→敷衍；
「唉」→沮喪；
「煩死了」→暴躁；
「幹」→兇；
「不想工作」→懶散；
「心情好差」→麻煩的人；
「這世界好爛」→愛抱怨；
「我好胖」→這人好像真的很胖；
「早安」→無聊。

3. 把這十句話給人的感覺組合起來，基本上就是你目前最常幫自己堆疊的標籤。你也可以挑出你最在乎，或跟你最常聯絡的三個人的對話，分別找出你最常跟他們說的十句話，基本上那就是他們眼中的你。

4. 接下來再重看一次你的對話，觀察他人對你這十句話的反應：如果對方的回應越來越差（回應品質變差、速度變慢、回應變冷淡），表示這基本上是個不利於你的人設（雖然偶有例外，但機率低，建議忽略）；如果對方的回應越來越好（句數變多、速度變快、品質變好、態度變好），表示這是個有利於你與對方相處的人設。

5. 最後，把不利於你的那些話從你的人生裡拿掉，再看看你的對話會變得如何？別人對你的反應變得如何？有沒有改善呢？如果你發現自己變得完全不會講話，那表示你以前在感情裡遇到的阻礙完全是應該發生的，裡面一點意外都沒有，因為你一直在自毀長城。

文字訊息的初步檢視完成後，接下來處理當面聊天的非語言訊息：

1. 請拿出你的手機，將手機放在腳架上（空出你的雙手），對著鏡頭錄一段一分鐘的自我介紹。記住，這是一支用來自我檢視的影片，沒有要上傳公開平台或讓他人傳閱，所以不需要做什麼準備，請直接一鏡到底就好。

2. 觀看你的影片，看看你有什麼習慣性動作？說話的聲音語氣給自己什麼感覺？並將這些感覺筆記下來，作為參考。

P.S 如果你曾經有想像過一些很浪漫的句子，或在網路上看到一些超殺金句，你也可以嘗試對著鏡頭講講看，或許你會改變一些想法。

許多人的問題都在於「根本不知道自己問題在哪裡」。多數時候人們不是不願意改變，而是不知道怎麼改變。上述的兩項前置作業，可以幫助你建立新的聊天思維前，對於自己當前的情況，以及過去的不順利有些基本了解。一旦你了解到問題出在什麼地方，接下來，我們就要開始進行修改。

2. 聊天就是在建立形象——4種要避免的NG人設

對於想了解如何透過聊天增進感情的人來說，一定要深刻的了解到：聊天並不只是一個交換想法、交流感情的時光，很多人之所以能夠聊出一個女／男朋友，並不是聊天這件事本身有多重要，而是因為在聊天的過程中，雙方不斷對彼此產生對未來的想像，想像自己和對方是多麼的合適、相處起來有多麼愉快、可以一起度過怎麼樣的生活。藉著這些美好的想像，這兩個人才決定在一起，而不是因為某個人很會聊天。

這就是為什麼我在前面講到：人們最初喜歡的都是一個符合自己理想的人設，總得有個符合角色形象的人來跟自己演這場對手戲，戲才演得下去。

人生的每分每秒、所有的一舉一動、一言一行、所思所想、穿著打扮、表情語氣，以及其它所有部分，其實都不斷的形塑出「你是一個怎麼樣的人」。

在別人眼裡，你可能是一個可愛的人、幽默的人、陽光的人、帥氣的人、優雅的人、直爽的人、專情的人、活潑的人、單純的人、上進的人、聰明的人，也可能是易怒的人、難相處的人、哀怨的人、失敗的人、恐怖的人、很衰的人、自以為是的人、自私的人……。最重要的是，**在別人心裡，你是個怎樣的人，全部都是由你決定的。**

塑造人設的方法很簡單，就是「不斷堅持同樣的行為」，只要你不斷重複相同的行為，堅持到底，最後你就成了那樣的人。例如：你永遠都堅持說實話，最後你就會被貼上一個「誠實」的標籤；你永遠都說到做到，只要答應的事，都會盡你所能，言出必行，那你就會被貼上一個「可靠」的標籤。

每個人想要被貼上的標籤都不同，不管你喜歡的是活潑、可愛、快樂、知性、美艷、紳士……，什麼都好，但請特別提防以下幾種，對你來說基本上沒有幫助，多半只會對你的形象帶來負面影響、破壞你的美好戀情的「NG人設」。

NG人設一：負能量、情緒化

很多人與人聊天時喜歡抒發自己的心情，小則抱怨當天發生的大大小小的無聊瑣事，大則訴說自己人生一路走來各種狗屁倒灶的鳥事，自己有多悲苦、多可憐、多衰、多委屈、多麼懷才不遇、老天如何待你不公、家庭如何分崩離析、職場如何不被待見，彷彿身處人間地獄一般。

面對一個愛抱怨的人，人們通常只會幫他貼上兩種標籤：一、衰人；二、廢人。不管是衰人還是廢人，基本上都不會讓人產生什麼美好的遐想。

我的意思並不是說人不能心情不好，或不能抒發自己的心情，畢竟人生有起有落，遇到難過的事情時，想向別人一吐為快是無可厚非的。但就像我前面提到的：「只要你堅持一直做某件事，你就會成為這樣的人。」所以如果你堅持每天都向別人抱怨，每天從一而終地對著別人吐苦水，那你很快就會被貼上一個「負能量、愛抱怨」的標籤。這怪不了別人，因為這個標籤是你為自己形塑的。

還有另一種類似的就是「情緒化」。如果你很容易憤怒、難過、不開心、憂鬱、煩躁、多愁善感或哭泣，這些都算是情緒化。當你的情緒一直處在大起大落、時好時壞，一下子亢奮、一下子憤怒，並且總是對外發射情緒時，你就容易被貼上「情緒化」的標籤，尤其如果你的情緒長期處在低落的情況下，就會給人更負面的印象。

不論男女，大家都不喜歡負能量、情緒化的人，這也是為什麼我一直在書裡反覆提到這個概念：多數人都覺得生活苦悶，如果你能夠在聊天的時候提供別人一些快樂，他們就會容易喜歡你。這就是現在的娛樂方式這麼多的原因，很多的戲劇、手遊，甚至搞笑短影片都在提供快樂的能量，因為現在的人很需要笑跟快樂。

多數人都覺得生活裡要忙要煩的事已經夠多了，真的不會想再多花時間聽一個陌生人抱怨。所以如果你一直幫自己貼上「負能量」、「情緒化」的標籤，即使你的條件不錯，人們多半還是都會對你退避三舍、敬而遠之，因為沒人願意處理別人的情緒問題。

那如果你常常心情不好怎麼辦呢？趕快回去翻第一章的內容，調整自己的信念、接納自己的情緒，即使短時間內沒辦法變得超級陽光開朗，至少也不會再把情緒責任丟給別人。

NG人設二：沒事做、沒方向

有些人很常跟別人說自己好無聊、好閒、沒事做，一旦別人問起：「你在幹嘛？」總是回答：「沒事做，不知道要幹嘛。」

他的人生沒什麼方向和目標，問什麼都說：「我隨便，我都好。」沒有主見、沒有想法、沒有想前進的方向、沒有想完成的目標、沒有自己的興趣愛好、沒有一個讓自己熱衷寄情和感興趣的東西，別人就容易覺得你的時間很廉價，因為時間對你來說沒有任何作用。

有些人會滿喜歡閒人，因為閒人總是很好約、很有空。對於想打發時間的人來說，身邊有個閒人很不錯，隨時無聊沒事想做些什麼，一通電話就能找到人陪。所以這些好相處的閒人人際關係通常還不錯，但是，卻不會得到別人的尊重。

一旦一個人的時間變得廉價，就不會被珍惜，因為連當事人都不認為自己的時間是寶貴的，別人又怎麼可能去尊重他的時間呢？

閒人的人設也容易讓一些有理想、有抱負、人生有目標的人退避三舍。這些人很難理解為什麼可以這麼閒，不明白為什麼會無所事事？因為他們每天要做的事情很多、很忙，每天忙工作、忙事業，他們還嫌時間不夠用，想要再多精進自己、學更多東西，甚至想要多看看世界的各種樣貌，但是你卻每天浪費你的時間，讓自己看起來閒得要命。兩相比較之下，對方會強烈的感受到彼此三觀不合，進而產生自動迴避的機制。

除此之外，無所事事的人還很容易沒事找事或太過黏人，這是條件優質的對象最怕的狀況。試想，一個人之所以成為條件優質的人，表示他們必定花很多時間在為自己人生的各方面努力，那他哪有空每天去關注你、陪你約會、安慰你？如果雙方不是各有所長，都能照顧好自己，讓彼此的相遇產生一加一大於二的效果，而是一加一等於1.1，那麼他們還真不知道這段關係的意義是什麼。

對於人們認定的「條件好」的人來說，感情是不可能凌駕於生活的。如果你想找個條件好的對象，請你務必展現一個讓對方也能欣賞的人設，否則你不是被當成可約會、宜約炮，但不想進入正式關係的對象，就是打從一開始就被篩選掉。

NG人設三：難相處、毛很多

會讓人覺得毛很多、難相處的人，我們用個比較戲謔的說法——這種人就是全身都是G點，隨便碰到哪裡都會高潮。

這種人總是讓人很心累，因為你永遠都不知道哪句話會惹到他、哪句話他會爆氣、翻臉。別人很有可能只是對他說了一句：「欸，你這樣不會很累嗎？」他卻回：「我的日子想要怎麼過不需要你干涉吧？我愛怎麼樣就怎麼樣，跟你無關吧？」著實令人傻眼。

之前有個很紅的網路事件：女生跟男生說：「我覺得你這樣很棒啊！」男生就突然生氣地說：「這有什麼好棒的？如果我說你的興趣棒不是很奇怪嗎？」莫名其妙的發脾氣，殺得女方措手不及，後面還直接開啟說教模式，痛罵女生一頓。這就叫做難相處。

有些人缺乏「沒事不要撕破臉」的概念，發生什麼事都喜歡辯個輸贏、爭個你死我活，有什麼想法都非要一吐為快。這真的是個很不利的人設。別人不會因為你脾氣大而覺得你很有個性，變得尊重你，只會覺得你有毛病，想遠離你或上網爆料。

當然，我完全能明白每個人都有自己在乎的點，也有覺得被冒犯到的時候，但為了自己好，我們其實沒必要跟對方對著幹，只要敬而遠之就好。畢竟這世界上絕大多數的人都是來來去去的，在跟對方建立深入的關係之前，其實你都沒有必要花太多時間與他爭辯你的想法和看法。

所以要避開「毛很多、難相處」的人設很簡單，只要不斷的保持禮貌，對於合不來的人保持距離就可以了。千萬不要跟對方起不必要的衝突，平白髒了自己的嘴。

「難相處」還有另一種形式，叫作「玻璃心」或「疑心病」，同樣也是會讓人很害怕的類型。

面對玻璃心的人，即使只是一般的朋友，也會倍感壓力，深怕自己說了什麼就會讓玻璃心碎滿地。所以玻璃心的人通常日子會過得蠻不錯的，因為沒人敢對他說實話，與之相處的時候只求安全下莊，自然不會受到什麼太大的刺激。但負作用就是：久而久之會發現自己的朋友好像不多，而且不管朋友怎麼安慰，自己的人生現況還是一樣糟糕，畢竟沒有人敢讓玻璃心的人得知那些他亟需知道的真相。

而疑心病的人則是會在交往後讓對方大感頭疼。不管人家隨便說句什麼，都能懷疑半天。例如平時木訥寡言的伴侶突然帶了一束花回家，疑心病重的人不是感動，而是覺得對方一定做了對不起自己的事，才會心虛想補償。但如果對方持續木訥，疑心病重的人又覺得不滿、覺得對方不愛自己，讓對方做也不是，不做也不是，非常難討好。

玻璃心跟疑心病重的人都很容易想太多，**過度解讀他人的意思，弄得自己心情很不好、搞得別人很害怕**，與之相處都要戰戰兢兢，深怕又不小心說錯什麼話而給自己添麻煩。例如，玻璃心的人很有可能聽到對方說：「我覺得某某明星身材很好！」就心想：「天啊！他是不是覺得我身材不好？是不是嫌棄我？我是不是很糟糕的人？」開始陷入心情低落、難過的狀態。別人一開始可能還會安慰他，但久了之後，一想到要跟他相處得提心吊膽的說話，就會感到很疲勞，降低與他繼續相處的意願。

NG人設四：沒有記憶點

「沒有記憶點」雖然無傷大雅，卻很不利於戀愛關係。因為「沒有記憶點」就是一種路人甲人設，專門負責跑龍套。你看一部劇裡面，一定都會有一些店小二、路人甲，他們沒有特色，你完全記不住他們。

那這種人設是怎麼打造出來的呢？很簡單，你只要常常說：「嗯啊！」「是哦？」「哈哈！」「原來如此！」或是一直「早安」、「午安」、「晚安」、「吃飽沒？」「要穿多一點哦！」「今天下雨呢！」等諸如此類沒有意義的話就可以了。

很多人之所以會落得沒有記憶點，在於他們非常不擅長與異性交流，**因為害怕犯錯，所以會盡量選擇安全的作法，不敢表現出自己的想法與特色**，卻不知道這樣雖然不會引發他人的厭惡，但同樣也也不會獲得好感。

所以這種人雖然人好相處、毛病不多，也沒有什麼情緒化或負能量的問題，但因為不知道如何塑造自己的特色與亮點，無法做出自己與他人之間的區隔性，最後就被淹沒在人海中。

如果你是屬於這種類型，不用太擔心。我很多學生都是這類型的人。這種NG人設其實是最好突破的。它不像前面幾種類型要克服一直以來的習性，只要學會一些技巧，再加上如果本身條件不錯，很容易就可以脫穎而出，畢竟它只需要創造一些記憶點就好了。

以上四種人設，對於想要談戀愛的人來說，是不太有利的。如果你想要讓自己的戀情更加順利，千萬要避免幫自己貼上這樣的標籤哦！

3. 找出並調整你的專屬人設

接下來的幾篇文章將分析幾種熱門人設的優劣勢、正負面狀態以及特殊標籤，給大家參考。

除了前面提到的ＮＧ人設類型以外，其實每個類型都有各自的受眾，畢竟青菜蘿蔔各有所好，沒有說哪個類型就一定特別好或特別糟，它們有各自的特殊強項。

所以在開始打造你想要的人設以前，你得先放下心中的成見，了解到每個類型都有屬於自己的族群，只要能讓你脫單、找到一個好對象、談場幸福美滿的戀愛，那麼不管什麼人設，對你來說就是有效人設。

接下來，請你按照以下的步驟，開始進行基本人設的挑選：

1. 觀察自己偏向屬於哪些類型（後面章節會有每種類型的介紹）
2. 判斷自己屬於該類型的正面特質或負面特質
3. 將自己目前所屬的類型全部調整到正面狀態
4. 觀察人際結果、感情結果是否有轉變

第一步：觀察自己偏向屬於哪些類型

在本書裡，我根據各種常見面向，簡易的區分出八種類型，每個人都會偏向其中四種，並且形成一個組合。

在判斷時，請特別留意：每個類型都是光譜的概念，總是會有相反特質出現的時候，例如不管你再怎麼健談，總會有不想說話的時候、不管你再怎麼重視感覺，總會有必須談論事情的時候。

所以每一個人設類型並不是非黑即白、非此即彼的，你要做的事情並不是極度精確的判斷自己落在光譜上的哪個位置，而是大概抓出自己的落點，了解自己比較偏向哪一端，那麼就屬於這個類型。

那麼類型會不會改變呢？一定會。隨著人生不斷的推進，你會遭遇各式各樣的事，學習各種新的事物及概念，產生許多不同的經驗，這些都會導致你的類型產生變化。但這不打緊，只要不影響你的人際或感情關係，你都不用太在意。即使影響了，你也只需要再回來翻開本書，確認自己目前的類型狀態，跟著書中的方式進行調整就可以了。

第二步：判斷自己屬於該類型的正面特質或負面特質

加入正負特質後，其實整體組合會多達三十二種，而不同的組合也會產生不同的現象。但這樣一來會把事情搞得太複雜，而且除了炫技以外，對於讀者的感情也沒有太大的幫助，所以請大家先區分出自己比較偏向哪個類型，然後再看比較偏向正面還是負面特質即可。（因此每讀完一章，你會有個基本的概念，例如：目前我比較屬於負向的健談型、目前是正向的情緒型……等等。）

如果你有認真且客觀的觀察自己，其實就已經是改變的開始。因為你會開始根據自己理想中的樣子，有意識的避免某些行為、增加某些行動，這些對於你的人際關係有非常重要的影響。

"

第三步：將自己目前所屬的類型全部調整到正面狀態

在抓出自己的類型，並檢查出正負向後，最重要的一步就是把自己的行為全數調整成正面狀態，如果不知道怎麼做，就照著書上寫的「標籤」去進行。

再強調一次，任何的人設類型都有它的好處跟擁護者，會出問題多半是因為你走到了這個類型的負向特質，導致這個類型的優勢無法發揮，才讓你覺得這是個不好的類型。

舉例來說，健談人設在正向狀態時，說話是言之有物，而且很知道別人對什麼事情感興趣，很能投其所好。可是一旦健談人設在負向狀態，就會變成碎碎唸、自說自話、八卦等等。所以雖然同樣是健談，但因為在不同的狀態上，帶來的結果也就迥然不同。

因此，我們要先把自己的頻率調到正向狀態，這有助於吸引好的人、好的緣份，建立好的關係。

第四步：觀察人際結果、感情結果是否有轉變

如果你有確實的執行前面三個步驟，那麼你的人際關係應該會開始出現一些改變。如果你得到了滿意的結果，那麼表示你其實根本不需要改變自己的人設類型，因為問題出在負面狀態所帶來的影響，只要將問題排除，你的類型組合是沒有問題的。同時，原本的類型通常會是人們最舒服的狀態，因為它最接近你的原始點。人設越接近原始點，就會越輕鬆，因為它離你的本性、習慣還有自我的身份認同最接近，不需要花太大的力氣就能維持。同時，也能正確吸引到喜歡這個類型的族群，讓你在未來交往的過程中，能夠更加輕鬆自在。

如果到了第四步，你發現自己的人際結果還是沒什麼進步，基本上有兩種可能：一，你的判斷錯誤，其實你尚未把自己的人設類型都調整為正面狀態，或甚至根本就搞錯自己的類型；二，你的人設類型搭配相性太差了，導致這些類型的魅力無法有效發揮，整體出現一種混亂感，別人找不出你的特色及一致性，自然也不知道要如何想

像與你的未來。

別忘了，人設就是一個關係的投射點，它就像投影機的最前端一樣，會讓人產生各種與其有關的未來想像，小小的一點都有可能被無限放大延伸。所以才會有很多人說：「現在他就對我這麼小氣，真不敢想像如果嫁進去他們家，我會過著什麼樣的生活」、「她什麼東西都要跟姐妹比較，如果真的娶了她，我賺的錢夠她花嗎？」為什麼人們這麼在意對方是不是媽寶？是不是吝嗇？這些都是來自於投射點會讓人直接聯想到未來會發生的情況。

所以如果你遇到了上述的情況，可以再重回第一步驟，再重新嘗試，慢慢找出問題盲點。如果真的找不出來，就諮詢專家，趕快判斷問題出在哪裡並進行調整，不要浪費時間讓自己的青春空轉。

人設會讓人產生對未來的想像

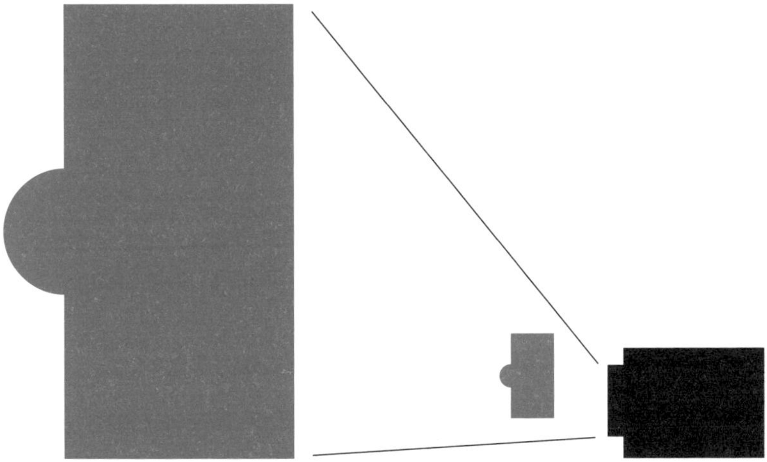

4. 健談型與神秘型——該活潑開朗還是保持神秘？

第一種分類叫作健談型與高冷型。看到這個分類，你可能會以為區分的重點在於「熱情指數」，越熱情的人越屬於健談型，越冷淡的越屬於神秘型。不，這兩者區分的方式與熱不熱情一點關係都沒有。因為影響「熱情指數」最大的關鍵不是個性，而是「喜歡程度」——即使你平常話不多，遇上你有興趣的事情或喜歡的人，話也會變多；即使你平常話很多，遇上了沒興趣的話題或討厭的人，你也會一秒變高冷。所以「熱情指數」是被用來判斷喜好程度的多寡，而不是類型的區分標準。

這個分類的區分點在於「主動分享率」以及「回話數」，也就是說，越常主動分享自己身邊各種大小事、趣事、故事的人，越偏向健談型的一側；反之，越少主動分享自己事情的類型，越偏向神秘型。

以上的概念都是建立在非極端情況下的狀況，並不是遇上特別喜歡的人或特別討厭的人，也不是你在特別開朗或特別憂鬱的時期，而是**在你平常與人的相處之中，多數時候展現出來的狀態比較偏向哪一方，那就是你的光譜傾向。**

一般來說，這個類型的最佳位置，並非位於光譜極端，而是在下圖圈圈的位置：

如果屬於極端健談的類型，那麼表示你對所有事情可能都會知無不言，言無不盡，過度的分享雖然讓人充滿信任感，但也容易因為完全失去神秘感，而讓人沒有進一步認識的動力，容易落入朋友區。

反之，如果極端神秘，不但不主動分享，甚至別人問你問題都完全不講，不僅會導致他人無法了解你，還會讓人充滿不信任感，覺得你可能另有所圖。

所以不論你是比較偏向健談型還是神秘型，都記得讓自己盡可能保持在該區域的中段位置，對於談感情會較為有利。

其實健談型和神秘型，指的就是「分享」的陽性面和陰性面：主動分享就是陽性面，也就是健談型，而被動分享則是陰性面，也就是神秘型。只要用這樣的概念去區分，就很容易分出兩者的不同。

那麼接下來，我們來看看這兩個類型的正負面狀態，各自會有什麼標籤：

”

健談型標籤

主動分享、回話句數多、回話字數多、回話品質高

健談型最大的優勢就在於較高的主動性。我很常強調「主動」的概念，在《愛情，不只順其自然》裡就有提到：「主動的女性遠比被動的女性，擁有更多選擇權。」

「健談」就是類似的概念。健談型的人往往更擅於主動發起話題、展開人際關係，所以他們有更多的選擇空間，在策略的選擇上也應該要採取更積極的路線，這會有助於健談型的人在最短的時間裡，吸引到最多的人，並且從中篩選適合的對象。

健談型的人也相對的容易有較好的人緣，因為他們會主動去創造人際互動，自然就比較容易交到朋友。

不管是事業、財富、感情，人緣好的人都比其他人更具優勢。如果你的人緣很好，就容易有人幫你介紹工作、引薦機會，也容易得到上司同事的喜愛，讓你在事業上平步青雲；如果你的人緣很好，那麼你的客戶、合作窗口都喜歡你，你就容易成事、得到利多。

尤其在感情上，人緣好，其實就是在幫自己建立好的口碑，別人才會想幫你介紹對象。畢竟人是有信用的，沒人想幫自己的親友介紹一個討人厭的人，這會壞了別人對自己的信任。所以如果你做人很好、人緣很棒，那麼大家就會爭先恐後的幫你介紹；反之，如果你做人很差，小氣又沒禮貌，那麼就只能靠自己了。

如果你有看過我的直播就知道，所謂的好人緣，指的並不是朋友很多，而是討喜。人的時間是有限的，你不可能交無限多個朋友，但你可以在大家眼裡是個很討喜的人，即使是跟你不熟的人也會對你留下好印象，這才是「好人緣」的真正定義。

健談型的正面狀態

健談型處在正面狀態時，有幾個重要的特徵：**言之有物、懂得察言觀色、說話討喜，能夠投其所好。**

當一個人是正面的健談型，他會很懂得對話之間的一來一往，而不是只顧著自說自話。他的健談會帶給他人一種安全感，尤其較為內向木訥的人更容易因為健談型積極友善的分享，而產生安全感，變得較能表達自己的想法。所以很多內向個性的人，對於健談型都特別偏好，因為只要有他們在，內向的人就不用花太多力氣想話題。

正面狀態的健談型的語言也多半比較正面樂觀，較少負面消極的話語，給人的感覺比較積極有活力。

健談型的負面狀態

當一個人處在健談型的負面狀態時，會變成很吵很積極的負面播放器，主要特徵有：**嘴碎、自說自話、言之無物、話很多但都不投機、不知道自己在說什麼，只是為了想被關注而說、八卦。**

負面的健談型基本上就是很會出一張嘴的中年男子，或很愛說人是非長短的三姑六婆，很愛講話，但說出來的話多半都不怎麼討喜，只是想被注意，甚至根本不知道自己在說些什麼。察言觀色的能力很差，說話也不怎麼得體，更糟一點的可能還愛嚼舌根、亂傳他人八卦。

如果你目前屬於負面的健談型，那麼你可以參考第三章的〈深入對話〉，先練習減少自己的話量，仔細聆聽他人、觀察目前周遭環境的氛圍，再決定要說什麼，這會讓你的話在別人心裡更加有份量。

除此之外，也要練習改變自己的視角，用感謝而非挑剔的心來看待身邊的人事物。如果真的遇到不喜歡的情況，試著想更實際的解決方法，讓自己脫離這個困境，而不是用抱怨的方式來抒發情緒。

只要改變你內在的思維模式，你的健談其實是很吸引人的，你會讓自己的長處更加耀眼，人們會從你的談話中得到更多的收穫，而你的魅力也會因此光芒四射。

神秘型標籤
較少主動分享、回話句數較少、回話字數較少、回話間隔較長

相較於主動的健談型，神秘型的特點是往往較為被動。他們較少主動與他人社交，通常喜歡待在自己的小圈子裡。當別人問他們事情時，回話通常也語帶保留，不會鉅細彌遺的交代。

一般來說，神秘型的人緣絕對不可能比健談型來得好。最佳狀態的健談型，基本上就像是校園裡的風雲人物，是像國王一樣的存在；反之，我認為在最佳狀態的神秘型，更像偶像明星——充滿魅力、猜不透摸不著，激發了人們想一探究竟的欲望。

他們就像高冷的王后，坐著等待獵物自動上門。所以對於神秘型來說，提升自己的外在條件是非常重要的，你得努力讓自己在事業上更有地位、增加自己的資產及收入、鍛鍊身材、讓自己變得更好看，或是取得更多的社會資源。畢竟**當你選擇把主動權交到他人身上時，你就得將你的吸引力拉得更高**，才有辦法吸引別人對你主動。這也是為什麼我們比較容易在感情市場中看到高冷正妹，但比較少看到高冷宅男的原因，畢竟高冷正妹的吸引力大到可以吸引一票追求者供她篩選，顯示出她的高冷，但卻比較少人對高冷宅男前仆後繼，所以也很難看出他們高不高冷。

要走這個人設路線，最重要的就是個人硬體實力。如果硬體實力太差，這個類型相對會讓人比較辛苦一點，畢竟能夠掌控的部分比健談型少了很多，如果你覺得自己的個人條件還不到這個水平，那麼訓練自己勇敢社交或許是個更有效率的方法。

當然，你可能會說：「哎，可是我就是很內向」、「我不知道要跟別人說什麼」、「主動跟別人講話很困難」，但事實上，這些都只是你對自己的一種詮釋——你認為自己是這樣的人，同時也極力在符合這樣的身份，最終你就會過著這樣的人生。

說到這裡，我想分享一件我小時候的故事：

我小時候極度內向，國小一、二年級時只有一個朋友，因為全班只有這個同學跟我說話。

後來有一天，這個同學跟別人去玩了，我深受打擊，覺得自己被背叛！我的朋友怎麼可以跟別人玩！

心靈重創的我，痛定思痛，我告訴自己：「我再也不要遇到這種事了，我要有很多朋友，多到我不在乎誰去跟別人玩！」

於是，我展開了我的蛻變之路。極其內向的我開始下課跑到公園去，努力的和其他小朋友打成一片，主動開口跟他們說話，問他們可不可以一起玩。

從那之後，我變得會主動跟別人社交。一直到現在，我成了一名講師、一個戀愛教練，對我來說社交簡直易如反掌，我可以在各式各樣的場合輕鬆的和任何人打交道。

但我還是很內向，直到現在也沒有變過。只是我能夠控制自己，在需要的時候主動釋出善意、建立良好的人際互動，並且不因為「內向」的標籤阻擋我在感情、人際、事業上的成功。

如果你真的很內向，對你來說，跟別人講話比年薪千萬還難，那你就努力讓自己年收千萬，這也是個好方法；如果你發現要讓自己硬體條件快速提升，實在有難度，那麼不妨轉而研究「主動的能力」，改變自己的作風，可能會為你帶來更大的突破。

如果你兩者都做不到，也沒關係，但是就得接受目前自己的情路恐怕選擇比較少，如果你願意耐心等候，那也的確不用改變。

但你都看這本書了，不試一下嗎？

神秘型的正面狀態

當神秘型人處於正面狀態時，最重要的特徵就是：**無法掌握、資訊不多、不好約、若即若離。**

正面狀態的神秘型非常具有神秘感。因為本身的吸引力夠高，透露的情報又少，回訊息速度也不是很快，甚至還常常找不到人，導致人們會對他們產生更多的好奇，想要更進一步的探索他們。

同時，因為他們不會過度交代自己的行蹤，所以往往會營造出一種「不知道在忙什麼」的狀態，這也會讓對方產生「自己還沒完全征服他」的感覺。

如果你擔心自己過於健談、太沒神秘感，想幫自己增添一點神秘的元素，那麼很簡單，只要不要人家問一你就答三，而是問一，答0.5，就能夠創造基本的神秘感。

例如，對方問說：「過年有要去哪玩嗎？」你如果說：「有啊～我除夕要回阿嬤家吃年夜飯，初一要跟我爸去拜訪小時候很疼我的叔叔，初二要跟我媽回澎湖娘家看外婆，初三就回台北了，初五跟朋友約了要去唱歌。這次年假好長喔！中間可能還會安排一點別的活動吧，你呢？你有要幹嘛嗎？」那就太詳細了，這就叫「問一答三」。

想要保持神秘感，同樣的問題，你可以這麼回答：「有啊，過年蠻忙的。」這樣就可以了。如果對方再追問：「忙什麼啊？」你可以回：「很多事要做啊！不說了，我先去忙一下。」這樣一來，就可以保有你的神秘感。但請記得，不要無時無刻都這樣回人家，偶爾還是要適當的回覆，不然關係可是會冷掉的哦！

神秘型的負面狀態

神秘型處在負面狀態時，對於感情是非常不利的。它有幾個主要特徵：**被動但內心戲很多、容易糾結跟自怨自艾、沒有安全感、很希望別人主動，但又不具備相應的外在條件。**

負面的神秘型因為負面情緒多，又不太主動，往往會給人一種比較陰沉、陰鬱的感覺。不同於正面神秘型所傳達出的「有魅力」、「有主見」、「獨行俠」感，負面的神秘型會因為本身的不自信、恐懼以及自憐自艾，讓人退避三舍。

如果你目前是負面的神秘型，首先回到第一章，先學習如何跟自己的情緒共處，將負面的情緒及思維盡可能的消融掉，不要讓它們成為標籤在你身上的氣質。

接下來，你要練習主動幫助所有人。因為一開始要你主動跟別人搭話聊天，可能會有點難度，但如果是帶著善意，主動幫別人一些小忙（從舉手之勞開始），就有可能開啟別人主動和你談話的契機，這樣一來，即使你的性格比較內向，也能夠創造出別人想與你交流的情境。久而久之，你的人際經驗會慢慢被洗刷，漸漸堆積出更多好的經驗，你對於人際關係就會變得更有自信，到了那個時候要練習「主動」，就會更加容易了。

所有事都是我們自己創造的，只是多數時候人們並沒有意識到自己正在創造什麼。所以即使現在的你很內向、內心戲很多又很容易糾結，只要你下定決心，一定也能夠透過各種後天方法的努力，讓自己成為一個人際關係好又活潑開朗的人。加油！

5. 自我型與親切型——是暖男暖女當道還是有個人特色重要？

在前面的章節裡提到「自我中心」的概念，但這邊說的「自我型」和「親切型」，跟「自我中心」並不全然相關。

自我中心最核心的概念在於「把能量集中於何處」。但自我型跟親切型的分水嶺則在於「你有多把他人放在眼裡」。

所謂的「把他人放在眼裡」指的是：是否重視他人、是否關心他人、是否在乎他人，是否存在一份關懷的心。

這個人設分類同樣是個光譜，我個人認為最佳的位置大概在中間偏自我的地方

（如下圖）。這個位置是相對有利於社交及感情的，因為較能兼顧自己及他人的感受，不會過度委屈，也不會過於不理人，能夠保持在相對平衡的狀態去談感情。

這個分類比較屬於「關係」的陽性面跟陰性面，陽性面較為獨立，陰性面則屬於合一。因為男性的睪固酮較旺盛，所以通常男性會有較大的比例屬於自我型，而女性則因為催產素的關係，親切型的佔比會高一些。但凡事都還是要以個人狀況為主。

這個人設分類還有一個非常特別的部分，在於：如果兩人相處時，沒有一個人比較自我，一個人比較親切，那麼關係多半很難繼續下去。

這並不是說兩個自我型的人就不適合在一起，而是如果兩個人相處起來，彼此都非常自我，那麼有很高的機率這兩人不會成，因為沒有一方在維護合一性。

人與人的關係必定會有需要互相配合的時候，如果雙方都不願意配合彼此，就會各走各的路。這就像公司要你九點到六點上班，但你堅持不配合，公司也沒別的上班時間，最後你就只能換間公司，因為你們無法達成共識。

所以即使是兩個非常自我的人，只要相處時，雙方願意相讓，那麼關係就可以維持下去。反之，即使兩個人都沒那麼自我，但就是互不相讓，那也不會成。

看到這裡，可能有些人會誤會，想說：「那如果我喜歡上自我型的人，就要好好配合他，否則我們會走不下去。」

請注意，**一段感情能不能走得下去，是沒辦法靠刻意配合來創造的**，感情是一種自然的現象，也就是所謂的緣份。我看過很多刻意配合的感情，後來都沒有好結果——配合的一方會感到很痛苦、有很多怨懟，而被配合的一方也很痛苦，無法理解對方如果這麼痛苦，為什麼不離開。

談感情最重要的就是腦袋清楚，千萬不能因為喜歡某個人，而過度解釋你們之間的情況。如果對方就是不喜歡你，也不要硬把這個情況解釋為「因為我沒有配合對方，所以才會走不下去」，否則你會過度的配合對方，然後什麼都沒得到，不但沒有得到滋養、沒有得到關愛、沒有得到尊重，還受了滿腹的委屈，甚至自信心低落或產生陰影。

不管你再怎麼喜歡一個人、再怎麼難以接受他不喜歡你，都**不要用腦補的方式去合理化一切，不喜歡就是不喜歡，需要費盡心力還很難成的關係往往都是不適合的**，不如盡早放手，去尋找真正跟你契合、真正無條件接受你、真正愛你的人。

自我型標籤

注意力多放在自己身上、以自己為主、配合度較低、較獨立自主、具較強主導性

「自我型」的特色就是很專注於自己有興趣的、重視的事。如果他現在對你很有興趣，那麼他就會把全副精神都放在你身上。這種時候，他很可能會對你噓寒問暖、關心備至，讓你享受彷彿王子公主般的尊榮待遇。也因為如此，有些人會誤以為他們是「親切型」，畢竟此刻的他們是如此的關懷他人。

可是一旦他們的興趣消失，轉移到別的事上頭，他們的熱度就會急遽下降，迅速得讓人錯愕，之前的一切彷彿夢一場。

要判斷這個人是親切型，還是對你有興趣的自我型，**要看他對其他人的態度**。通常親切型的人對人是無條件親切，會照顧每個人；但自我型的人只在乎自己有興趣的事，所以如果你發現，這個人對於其他人的表現很普通，但對某些人特別熱絡，程度差異非常明顯，就表示這個人十之八九是屬於自我型。

自我型的人通常主導性比較強，這類型的人如果朋友很多或是具有領袖氣質的話，往往會帶動許多事物的推進，例如中秋節烤肉或聖誕派對。如果是沒什麼朋友的自我型，那麼通常會以獨行俠的身份過著自得其樂的生活，他們會終日忙於自己有興趣的事，可能是學英文、健身、讀書、研究某些東西、追劇等等，其他人很難浪費到他們的時間。

自我型的正面狀態

處於正面狀態的自我型，主要特色為：**積極、獨立、果斷、生活充實**。

我個人非常欣賞正面的自我型，他們的人生多半很充實，而且充滿行動力，會積極完成自己想完成的事。我認識的一些正面自我型的人，他們會為了自己的夢想而行動，不太會為了其他人而停留。但如果他們有在乎的人，在遇到問題時，他們選擇的方式通常是努力找出解決辦法，而不是消極的自我犧牲，這是我認為非常了不起的特質。

正面的自我型會有一種強烈的個人魅力，他們追求理想的模樣會散發出耀眼的光芒，讓人深深的受到吸引。

正面自我型的人多半符合前面的章節說到的「自我中心」，因為他們把能量和注意力集中在自己的理想以及有興趣的事物上，並且付出了具體的行動，所以他們能夠產生影響力，讓別人想圍著他們轉。

自我型的負面狀態

負面狀態的自我型，主要特色為：**自以為是、自私自利、不會做人、玻璃心、憤世嫉俗。**

負面的自我型就是會被PO到網路公審的類型，他們往往會只站在自己的立場去思考，指責別人為什麼不符合他們的期待或認知中的正義。更糟的是，負面的自我型通常都會搭配健談型出現，所以他們不但偏激，還話很多，會到處散播負能量。

負面自我型跟正面自我型同樣是聚焦在自己在乎的事情上，差別在於他們聚焦的是有創造力、具正面意義的事，還是有破壞力、完全沒有建設性的事。負面的自我型常常看很多事情不順眼，很多還是政治魔人，他們把大部分的時間用在憤怒、咒罵、抱怨上頭，卻很少檢討自己的問題並且試著努力實踐夢想。

同時，因為他們相對只在意自己在意的事，所以很不會做人，容易計較、貪圖眼前的小小利益，不懂得感恩和施恩，認為別人對他們好都是應該的，很少回報，就算回饋別人，也往往比人家給他們的還少，最多大概也就等值而已，不會多給。（這本書的讀者應該不會有人是負面的自我型，因為負面自我型根本不會承認自己是這個類型。）

如果你認知到自己是負面的自我型，那麼恭喜你，你進步的速度將會是所有類型裡面最快的，因為自我型的特性就是會把全部注意力集中在自己在意的事上。所以一且你承認了自己的盲點與問題，並且下定決心要改變，那麼你強大的注意力將在非常短的時間裡帶你前往你要去的地方。當然，改變的第一步就是從「不要抱怨」跟「檢討因果」做起。

親切型標籤

重視和諧、配合度高、重視他人、主導性較弱、照顧性強、情緒強烈

親切型基本上就是我們俗稱的「好人」。他們熱心助人、樂善好施、關懷他人、配合度高，通常也沒有太大的脾氣，個性多半隨和好相處。很多親切型的人也沒什麼特別想做的事，他們最喜歡做的事就是跟人相處、聚會，而且他們非常重視和諧，不太會跟人撕破臉，所以通常都蠻好約的。

親切型有一個特點是大多比較情緒化。因為他們重視人與人之間的連結，所以對於他人的情緒會較容易有反應，而這個情緒多半和安全感相關，親切型的人通常比較沒安全感。

所以如果你遇到了一個親切型的對象，請多照顧他一點，他們是很渴望被愛的。只要他們有了足夠的安全感，通常會是忠誠可靠的伴侶。嗯，我說的是有道德感的親切型。

親切型的正面狀態

正面的親切型其實就是人們說的「體貼」、「貼心」、「暖男」、「暖女」。他們的主要特徵為：**樂於付出、溫柔、善於傾聽、會照顧人、敏銳**。

看到上述的形容，就知道正面的親切型是非常受歡迎的，他們對人的溫柔和關懷足以融化人心，不管什麼類型的人，他們基本上都能處得非常好。

當親切型處於正面狀態的時候，我真心覺得是全世界最值得結交的朋友，我有一個好朋友就是這種類型。他們非常願意付出，不會太過計較，很體貼別人，很擅於傾聽，不太會批判他人，對人非常好也懂得感恩，所以跟他們相處起來非常的舒服。

但正面的親切型唯一需要注意的是有可能異性吸引力會不足，也就是缺乏性張力。女性的正面親切型，有可能因為人太好、太溫柔賢淑，而導致他人覺得挑戰感不足，失去興趣；男性則有可能因為太過溫柔，陰性特質太重，而讓女生容易把他們當成姐妹。

所以正面親切型的女性要特別注意認識異性的管道，盡量不要在交友軟體找對象，很容易被渣男騙。比較適合的管道是相親、高單價的聯誼、共同興趣的社團、職場等等，要嘛是以結婚為導向的場所，要嘛就是可以長時間相處，讓別人長期感受到妳溫柔的照顧。

正面親切型的男性則要有意識的增加侵略性（此處指主動、自信、直接、快速、富冒險精神的特質），除非你的對象陽性特質極強，對方根本就在追求你，否則你要更直接的去表達自己的好感（搭配直接型），用勇於追求的方式來展現你的陽性魅力，才不會因為太過溫柔而被當成閨蜜。

親切型的負面狀態

當親切型處於負面狀態時，會有幾個主要特徵：**付出是有條件的、情緒勒索、苦命感、痛苦、恐懼感、討好、自怨自艾。**

「工具人」就是典型的負面親切型。在剛認識的時候，往往會因為好相處、關心他人，而讓人無法拒絕他的好意。他們會得到一些繼續相處的機會，但身上散發的負能量實在太強了，以致於人們很快就會想跟他們保持距離。

他們是很關心別人沒錯，但他們的細心又不見得到位。有些負面親切型的男性會很努力要成為一個體貼的人，可是完全搞不清楚分寸，例如剛認識就去記人家生理期、記錄對方洗澡都洗多久……等等，反而讓人有不舒服、被過度監視的窒息感。

他們的好，常常讓人覺得有一種強烈的目的感，好像是為了換取什麼結果才做出來的，而不是單純的想付出。再加上他們又常常散發哀怨的氣息，很容易給人情緒勒索的感覺，自然會把人嚇跑。

女生的負面親切型則是會散發一種苦命感，好像很任勞任怨，把苦都往肚子裡吞，但表情看起來就是很苦。由於她們看起來實在太悲情了，男人不但不會因此而深受感動，反而在跟她們相處的過程中，會產生一種「我好像在虐待妳」的罪惡感，這種感覺會讓男人的價值感低落，不是想逃離這個人，就是破罐破摔，對她更加糟蹋。

如果你是負面親切型，首先你要做的調整是「自我中心」。即使你很想照顧別人、很想對別人好，你都要意識到——那是「你」的決定，不是別人要求的，是你自己想這麼做、是你選擇了用這種方式與人相處，別人沒有必要承擔你的委屈和悲憤。如果你覺得自己沒有得到應有的回報，就立即停止，而不是怪罪他人不珍惜你的苦心，卻還繼續付出。對於不珍惜你的人，你應該即刻離開他，而不是一邊抱怨一邊留在他身邊。

你得學習為自己負起完全的責任，明白一切都是你自己選的，而你也有權利與能力馬上做出另一種選擇。

要知道，「愛一個人」的心，從來都沒有賦予我們要求對方也要愛我們、對我們好的權利，它唯一給予我們的，只有愛他、對他好的權利。如果有一個人說：「嘿！我愛你，所以你也應該要愛我！」或是「我好喜歡你，所以你應該要理我、要跟我聊天。」那你八成會覺得這個人有病。但如果有一個人說：「嘿！我愛你，所以我想對你好。」你會覺得非常合理，因為邏輯就是這樣。

所以你得看明白，要不要對一個人好，完完全全是你的決定，你也無法因此要求他人符合你的期待。既然如此，你就得為自己的每個決定負起責任，別再認為自己是個受害者，收起哀怨的語氣跟怪罪的眼神，如果你無法接受對方沒有回應你的感情，那麼就即刻收手，換個對象。

只要你能學會為自己的選擇負責，你會馬上成為正面的親切型。你的人緣會馬上好轉，異性緣也會慢慢的變好，因為**你的付出是不是一種交換，別人都感覺得到。**

6. 事件型與情緒型——鋼鐵直男直女還有救嗎？

「事件型」跟「情緒型」這兩個類型的分野，在於說話時把重點放在什麼地方。

對於事件型的人來說，事情的邏輯、資訊、事件本身的全貌，是最重要的；而對於情緒型的人來說，事情帶給人的感受、體驗、回憶，更為重要。

所以事件型往往會給人一種聰明、幹練、邏輯很好、很理工、不近人情的感覺；而情緒型很多都是說故事的一等好手，他們很能引起聽眾的興趣，讓別人產生共鳴，情緒渲染力是他們最大的武器。

這並不是說事件型的人就沒有情緒，或情緒型的人就完全不談論事情本身，只是在敘事的習慣上，他們會把重點放在不同地方。

舉例來說，假設一個事件型的人和一個情緒型的人同時被老闆罵，當天晚上回到家，他們會用完全不同的方法向親友表達這件事。

事件型會說：「今天有個同事把要給客戶的東西弄錯了，客戶來投訴，我們處理了兩個小時，檢查訂單內容、確認經手的同仁跟物流，最後才查出問題。老闆很生氣，後來又罵了這個同事半小時，我們才下班。」

情緒型會說：「欸今天超衰的！我們有個同事把要給客戶的東西弄錯了，客戶就很生氣跑來投訴，啊我們部門的人就在那邊查半天，最後終於找到是誰出的包。老闆氣死了，狂罵那個同事，罵到下班時間還繼續罵，搞得我們沒人敢下班，大家在辦公室一起陪罵，罵完才能回家。」

再舉個例子，當你問事件型某間餐廳好不好吃，他們會說：「口味不錯，用料實在，經濟實惠。」但如果你問的是情緒型，那麼他們會說：「噢！我跟你說，那間餐廳真的很～好吃！那個牛排超級嫩，入口即化，像雪糕一樣！然後那個湯，噢～不是我在說，超濃，喝下去滿口都是牛骨跟洋蔥的香味。不行了，不能再講了，口水快流下來了。」

從上面的案例中，可以很明顯看出事件型跟情緒型在敘事方式上的不同。相較起來，事件型的人更講求實事求是、聽者是否得到足夠且正確的資訊；情緒型的人則更重視自己的感覺是否有傳達出去、聽者是否能夠理解當下的處境。

這個差異導致事件型的人較適合處理事務，情緒型的人較適合處理人際關係，所以一般來說，在人際感情上，情緒型會比事件型更具優勢。但如果說情緒型從事的工作與人無關，那麼在工作能力上，事件型多半會表現得更優異。

事件型跟情緒型的優勢光譜，我會給在以下兩個位置（如下圖）。

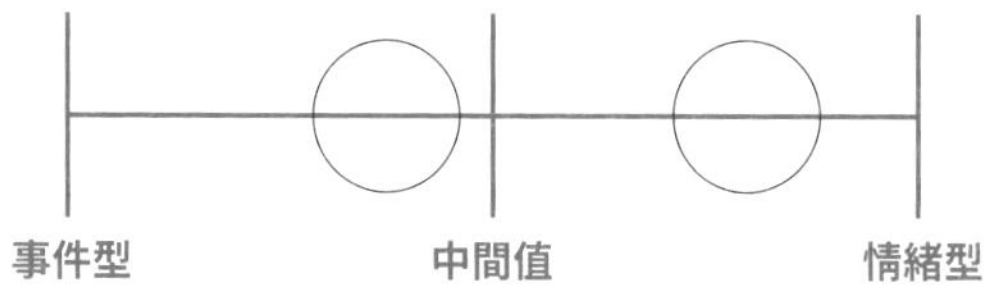

如果你本身屬於情緒型，要小心情緒過了頭，反而失去處理實際事務的能力，這可會降低你的魅力哦！

而左邊這個事件型偏中間的位置，我稱為「專家位置」，因為屬於事件型的他們，頭腦非常沉著冷靜，知道事情要怎麼運作，但同時他們又具備情緒型的渲染力，這造就了他們專家級的實力（或潛力）。雖然他們關心的是事情本身是否能夠順利完成，但卻能夠在適當的時機點處理好人情問題，以利整體情勢往他們想要的方向走。他們帶著高度的意識來決定自己的行為，不斷進行「有效的作法」，這就是為什麼我會稱呼這裡為「專家位置」的原因。

事件型標籤

重點在事情本身、重視資訊、邏輯性較強

很多不擅吸引、難以進入交往關係的男女，都是屬於事件型。他們不太擅長社交場合，不太知道如何跟人閒聊，即使有心想跟對方拉近距離，不是卡在找不到話題，就是聊起來很乾。因此有很多事件型的人儘管在事業上能力超群、表現絕佳，卻始終對感情感到棘手。

但即使如此，事件型的讀者也不用灰心，有一種路線非常適合事件型，那就是：說有用的話。

大部分事件型之所以不受歡迎，是因為他們不知道對對方來說，什麼是有用的資訊。所以和他人聊天的時候，他們就像google一樣，根據對方說出來的話，不斷提供各種資訊，卻沒想過可能人家並不想知道這麼多。

舉例來說，假設A跟事件型的人說：「我覺得某間肉圓好好吃喔！」事件型可能就會說：「沒錯，那間肉圓已經開了五十年，目前由第二代經營，是那一帶非常有口碑的老字號肉圓店，在地人都很喜歡。如果不早一點去，很有可能向隅哦！」

拜託！你又不是美食節目，不用介紹得這麼鉅細靡遺好嗎！

這就是典型沒搞清楚對方對什麼有興趣，便一味的提供資訊的事件型。他們雖然很熱心，也很積極的想和對方交流，卻容易因為努力錯了方向，導致別人很難跟他們聊下去。

但如果搞對了方向，那可就不得了了！事件型一旦能輕鬆自在的在對方真正有興趣的事件上，提供正確有效的有用資訊，瞬間地位就會被墊高，對方會馬上對你刮目相看，甚至感到崇拜。此時，「領域」就建立起來了，對方會認為跟你的對話是很有意義的，你是個博學多聞、聰明睿智的人，吸引力就出現了。（關於「領域」的概念，請參考《從左手到牽手》）

所以如果你屬於事件型，那麼你得設法強化自己在某個專業領域裡的知識及實戰經驗，能夠提供他人確實有用的資訊或建立，如此一來，你對於對某個領域感興趣的人，就會產生強大的吸引力。

事件型的正面狀態

當事件型處於正面狀態時，通常會有以下特徵：**對事物有一套自己的見解、博學多聞、時常吸收新知、能辨別資訊真偽、鎮定冷靜。**

很多正面事件型的人都非常的帥氣，這點是不論男女的。他們很聰明，會對事情進行深入的理解跟探討，時常吸收新知，也不會人云亦云，會去辨別資訊的真偽。這樣的個性通常會讓他們比較鎮定冷靜，不會看起來慌慌張張，所以有一定事業成就的正面事件型，身上甚至會散發權威感，很容易吸引到氣勢較弱者的崇拜。

正面事件型是最適合運用領域崇拜感的類型。健談的正面事件型在所屬的團體內，往往會具有一定程度的話語權。他們的話語權是來自於他們對事物的了解、鑽研，以及獨到的看法，所以他們會有一票支持者或小粉絲崇拜。如果情況順利，他們小則能夠成為某些論壇的一方之霸、一派宗師（僅限該領域或該論壇，甚至該辦公室），大則可以創造出一種宗教現象，例如老高與小茉。

雖然我們多數人都不會成為這種名人，但光是能在一個小領域裡具有話語權，就足以讓你的戀愛比較順利了。

如果你是神秘型＋正面事件型，也不用擔心，有些人就喜歡這種深藏不露，實際上內在很有料的人。他們覺得這種人又低調又謙虛，學富五車還韜光養晦，而且不會一天到晚高談闊論，實在是太迷人了。

正面的事件型，再搭配上自我型跟親切型，又會呈現不同的傾向——加上自我型，會容易變得專注在自己有興趣的領域，這種組合的人往往有一定的社會成就，即使年紀輕輕也很常散發出菁英感，很容易帥到別人（男女都是）；如果是配上親切型，則多半會是萬事通、大家的好幫手，因為他們非常關心他人，也很願意提供自己的所知所學，雖然不一定是大家最好的玩伴，但絕對是遇到問題時最常求助的人。至於這樣的人際結果好不好，就見人見智了。

如果你想成為事件型的佼佼者，那麼冷靜、深入鑽研、吸收新知、建立自己的想法，是非常重要的哦！

事件型的負面狀態

當事件型走到了負面狀態，最常見的特徵為：**瑣碎、好辯、見樹不見林、吹毛求疵、好批評、主觀、不服輸。**

「過」與「不及」都不是好事，當事件型出現了某種強烈的立場時，就很容易走向負面狀態，畢竟事件型最大的優勢就是面對資訊的冷靜客觀能力，一旦被意識形態所佔據，那他們所有搜集資訊、分析、論證能力，會全部變成辯論跟批評的武器。各宗教或政治立場的擁護者，都有這樣的人物，他們會抓著某幾句話或某些事件不放，拼命挑剔立場不同者的毛病，非常不服輸，非要跟人辯個你死我活不可。

當然，不是每個負面的事件型都這麼好鬥，有些是很瑣碎，容易把焦點放到根本不重要的事情上。例如A說：「欸我最近吃了XX路那間肉圓，聽說是四十年老店，很好吃耶！它的那個粉紅醬好特別！最好吃就那個醬了！」負面的事件型可能會過於較真的說：「那間不是四十年老店，是五十年。他們那個醬的確很特別，但嚴格來說，它比較屬於南部紅醬的系統，只是老闆有做出創新改良，另外加了獨門配方，所以才會看起來像粉紅色。」

這就叫瑣碎的負面事件型，**把太多時間力氣花在根本無傷大雅的小事上，反而破壞了相處時的愉快氣氛。**除非對方是肉圓世家第二代，否則多數人真的不那麼在乎肉圓的細節。

對於負面的事件型來說，必須學會的是「放下對錯，重視有效」。之所以走到負面狀態，多半是因為太在乎是非對錯了，但這個世界上的是非對錯是不斷在改變的，隨著人們的立場、時代的演進、科技的進步、文化的不同，即使是對於同一件事也會有不同的見解。

既然如此，費盡心思去爭論對錯就會變成一件沒完沒了的事，而且還不會帶來什麼好結果，基本上不會有任何異性在唇槍舌戰敗給你之後，對你突然產生怦然心動的感覺，多半只會覺得你很討厭，那不是本末倒置了嗎？

所以如果你目前是負面的事件型，請翻回前面的章節，開始訓練自己建立有效的思維。一旦你的生活變得越來越有效率，就會更開心哦！

情緒型標籤

重點在感受、資訊正確性及事情本身不是很重要、對情緒的敏銳程度較高

與事件型相比，情緒型通常更擅於建立與人之間的私交，因為「情緒」本身是一種私人的情報，就像是你覺得什麼好吃、好看、事件帶給你什麼想法與感覺……等等，都是很個人化的資訊，它不僅是事件的客觀表述，更是有關於「你」這個特定人物的思想。

正因為情緒型的人對於彼此的個人化訊息較感興趣，所以他們容易與人建立起情感交流。事件型的人習慣討論事情本身的資訊以及解決方式，而情緒型的人則是習慣討論對事件的感受及體驗。事件本身究竟如何，在情緒型的人眼裡其實並不那麼重要，因為他們更重視看法跟感受。

舉例來說，當朋友的親人過世時，事件型會說：「後續事情都安排好了嗎？如果有要幫忙跟我說。」情緒型則會說：「你還好嗎？一定很難過吧？要不要去陪你？」這份對於人的關懷之情，往往會為情緒型的人帶來更深入的人際關係。

相形之下，雖然事件型感覺比較冷漠，但他們通常會把事情安排得比較妥當；情緒型雖然充滿溫情，但有時候卻只能給予情感的陪伴與安慰，實際上能不能幫上忙，則是另一回事。

除了溫情主義讓他們更容易與人建立交情之外，情緒型最大的武器在於情緒渲染力。要將情緒型發揮到淋漓盡致，最好的方法其實是學習如何說故事，說故事的能力會讓他們抓住他人的注意力，並且更好的表達自己的想法。

情緒型的正面狀態

當情緒型處於正面狀態時，會有以下幾個特徵：**樂觀、正向、積極處理事物、具**

有影響力。

正面的情緒型通常是非常好的銷售員。這並不是說他們必定從事銷售工作，而是指他們在敍事時，會產生強大的影響力，讓身邊的人受到吸引。像是我有一個朋友，每次只要用了什麼好東西，就會講得繪聲繪影，像購物台一樣，搞到最後大家都會跟著買來試試看。這就是他們的強大之處。

除此之外，他們還多半具備一定程度的事務能力，意思就是：他們不會只出一張嘴。如果遇到什麼不開心的麻煩事，他們除了跟別人分享以外，也會去想辦法解決，鮮少只是一直抱怨。

情緒型正負面的最大差異，在於著重的情緒偏向正面還是負面：如果這個人都專注在一些快樂的、有趣的事情上，即使提到不開心的事也不會沉浸其中，像個受害者一般的抱怨，而是積極想方法解決它，那麼他就是正面的情緒型。

情緒型的負面狀態

當情緒型走到了負面狀態時，會有以下幾個特徵：**負面、怨天尤人、愛抱怨、無作為。**

負面的情緒型相當煩人，和他們對話的多數時間都是在聽他們對什麼事情不滿、覺得委屈、感到不公平、怨恨，卻鮮少看他們真的花時間去改變自己的處境。例如他們可能會對於自己坎坷的感情感到悲傷，卻不會見到他們看書或上課；或是他們總在抱怨自己的工作，可一旦要他們轉換跑道，又會聽到他們說找不到更好的工作。

他們的時間總是浪費在無法控制的事情上——抱怨伴侶不幫忙帶小孩、批評同事難相處、談論別人的八卦、因為曖昧對象若即若離而感到委屈、認為自己人緣不好而感到悲苦……，他們的身上散發強烈的憤怒及無力感，對於現況感到不滿但又無能為力，而且也接受不了，導致他們多數時間都不快樂，很容易變成NG人設裡的負能量類型。

如果你現在處在情緒型的負面狀態，不需要太自責，人都有陷入低潮的時候，此時你要做的是趕緊訓練自己兩件事：一、停止抱怨，著手改變目前令你感到難受的生活；二、如果現階段有某些改變不了的問題，就先接受它，並且積蓄自己的實力，讓你在時機成熟時，可以一舉突破。

7. 直接型與委婉型——該直球對決還是留點曖昧空間？

「直接型」跟「委婉型」是跟戀愛最直接相關的類型。故名思義，這兩個類型的差別就在於調情及邀約的方式是以直球決勝負，還是採取委婉暗示的曲球路線。

雖然說這是與戀愛最直接相關的部分，但並不是說你約人約得很直接或很會調情，就能夠決定你的感情是否順遂。

如果以籃球比賽來比喻的話，直接型跟委婉型的分區指的是最後出手投球的那個人，究竟是切入灌籃的流川楓，還是永不放棄投三分球的三井壽，只是進攻的手法不同而已。但前面的運球、傳球、卡位，才是能夠決定最後這一球出手時，是否暢行無阻的關鍵。如果團隊的合作很差，又沒人幫忙卡位，你被三個人團團包圍，死守在三分線外，即使勉強出手，進球的機率又有多高呢？

就像是電影如果沒有前面劇情的鋪陳、情緒的堆疊、人物的刻劃，甚至聲光音效的渲染，那麼不管結局再好，大家也感覺不到，畢竟其它部分實在太爛了。

感情也是，當你與對方進展到調情或邀約的步驟時，我認為已經是有一定程度交流後的事了。如果形塑其它感覺的重要程度等同於日常的保養、健身、穿著，那麼調情及邀約方式的重要度大概就是做指甲，而且有時候還是腳指甲。

你會花多少時間注意迪麗熱巴的指甲？你是先看她的臉還是她的指甲？如果她不是迪麗熱巴，誰在乎她的指甲？

如果你在前期就創造出足夠的吸引力，那麼不論你邀約的方式是高明還是笨拙，都無所謂了！因為人家已經喜歡你了！在喜歡你的人眼裡，委婉笨拙的邀約叫作「可愛」、「傲嬌」；在不喜歡你的人眼裡，直接的邀約叫作「好煩」。

直不直接、委不委婉、怎麼約，其實影響感情的比重真的不高。很多戀愛書會把這部分當作重點，這是非常速成卻成效不彰的作法，因為不管你約的方式再漂亮，討厭你的人也不會因此而喜歡你。而對於喜歡你的人來說，只要你的約法不是史無前例的爛，多半也不會構成失敗的原因。

所以，請不要花太多時間在這上頭，而是把主要戰力放在打造自己的人設，才會更有效率。

這兩個類型的最佳位置如下圖，我會建議偏直接一點為好，畢竟太過曲折複雜的表達方式，很容易因為太難理解而導致傳達上的失誤，甚至是失敗。

例如，同樣是想約對方出去，直接型會說：「明天要不要出去玩？」委婉型可能會說：「明天好閒喔！」如果對方沒接到球可能就會說：「是喔？那你安排出去玩啊！」委婉型可能會再試著暗示：「自己一個人不知道要去哪裡，你知道有什麼地方好玩嗎？」對方如果說：「那你找朋友出去啊！我覺得最近有一部電影不錯，推薦你跟

朋友去看。」那委婉型就會氣死。

委婉型的人往往因為害怕失敗丟臉，而想用較迂迴的方式表達，但如果不會拿捏分寸，便很容易傳達錯誤，導致別人根本不知道你想表達什麼。

當他人無法正確接收，自然也就無法如實的回應，這又可能造成不必要的錯過。最糟的是，當兩個委婉型的人相遇，除了蹉跎歲月以外，基本上不會發生其他事，因為兩個人都接不到對方的球。

愛要即時，建議大家還是更直接的把心中的想法表達出來，效率才會高哦！

直接型標籤

直率、明確、簡潔有力

直接型最基本的特色就是不太拐彎抹角。這並不表示他們不會使用技巧，或是很單細胞直線條，只是他們的行動相當果敢，不會廢話太多，會盡可能用最短途徑達成目標。

他們往往會採取較積極主動的態度去表達好感，例如直接邀約、直接打電話、直接表白……等等，都是很直接型的作法。

其實相較於委婉型，我認為直接型是更容易收獲結果的，**因為他們的態度非常明確，會逼得對方也得以明確的態度回應，這就會促成事情的明朗化**，不會在曖昧不明的情況下虛耗時間。

舉例來說，直接型的人會直接問對方：「明天要不要出去玩？」那麼對方就一定會回答：「要」或「不要」，沒什麼迴避的空間；反之，委婉型的人會說：「明天天氣好像很好耶！」那對方就有太多可以開展的路徑了，對方可能會說：「對啊！天氣真好！」也可能說：「真適合在家睡覺」，或是「但太陽好大，好熱！」對方可以回的方向實在太多了，多到除非對方對你極感興趣，才會自然而然的說：「對啊，天氣好好，要不要出去玩？」但是一個會這樣問的人，不管你說什麼，他都會約你出去玩，因為他就是想約你！

暗示的確有好處，但很多事不如直接點來得乾脆。與其拖泥帶水的曖昧三個月，最後無疾而終，不如在曖昧兩週的時候就問對方要不要交往，不要就算了，我的時間寶貴，沒空陪你曖昧下去。

請千萬記得我說的：「這是枝微末節的部分，前期才是決定感情成敗的關鍵。」意思就是說，**當你已經把你最好的狀態呈現出來以後，才能夠採取直接又乾脆的作法。**千萬不要認識第二天，就問對方要不要娶妳，不要就算了。這就太早了！

戀愛是有步驟的，你必須確實的引起對方的興趣、延續彼此相處，以確保能取得到更多打造人設的空間。接著，提供能夠創造正面想像的要素給對方，讓他花更多時間去想像和你之間的未來。最後，才是直球對決。

如果範圍縮小到「從認識到出去」，那麼應用方式就是：先引起對方興趣，讓對方有繼續認識的意願。接下來，同樣要提供能夠創造正面想像的要素給對方，然後就可以直接約出去。

所以在感情裡，不管你現在面臨的處境是小至交換通訊方式，還是大至結婚生子，都適用這個ＳＯＰ：**引起興趣→提供創造正面想像的素材→表達自己的目的。**

直接型的正面狀態

正面的直接型通常會有下列特徵：**灑脫、乾脆、果決、有禮貌。**

其實正面直接型最大的特色就是有話直說。他們會直接說：「我很喜歡你」、「你好帥／美」、「要不要出去？」「要不要跟我在一起？」即使經過鋪陳，也不會扭扭捏捏、不乾不脆。

很多直接型會比較以目的為導向，不會太糾結於特定的人物上，所以即使他們很喜歡某個人，一旦對方直接拒絕了，他們多半不會留戀太久。雖然心裡會有點生氣或不甘心，甚至是難過，但他們會盡快向前走，不會浪費太多時間沉浸在憂鬱之中。畢竟直球對決的最大好處就是被拒絕也往往會被拒絕的很直接，不用花太多時間懷疑自己究竟是不是被拒絕。

而且正面直接型的人通常都滿有風度跟禮貌的，即使對方的回應不如他們的意，他們也不會去詆毀或怨恨對方，會尊重對方的想法，有禮貌的結束目前的關係，未來甚至還能繼續當朋友。

正面直接型還有一個很大的好處，就是如果他們夠直接，甚至會殺得對方措手不及，一不小心就被他們帶著走。例如面對一個比較沒主見的人，正面直接型如果說：「反正你也沒有交過男朋友，要不要就當作嘗試一下，跟我交往？如果你覺得實在不行，就再把我甩了就好啦！」這個沒主見的人就有可能會同意，如果沒出什麼問題，兩人可能也就這麼交往下去。

總之，正面直接型最大的優勢就是明確、快速、講求效率。如果你是有時間壓力的人（例如趕著想結婚生子），建議你學習提高個人吸引力的技巧，然後變得直接一點，這樣能讓你在最短的時間裡達成你的目標。

直接型的負面狀態

當直接型呈現負面狀態，就會出現以下幾個現象：**沒禮貌、不會看臉色。**

我覺得負面直接型最大的特色就是「沒禮貌」。你可能看過有些講話很白目、沒禮貌、常常得罪人的人會說：「不好意思，我這個人講話比較直。」他們很常拿「說話直」當擋箭牌，但事實上只是沒禮貌，因為正面直接型的人並不會如此。

他們在拒絕人的時候，也都會用讓關係很難持續下去的方式，例如「不要」、「沒興趣」、「不需要」、「滾」……等等。所以通常他們人緣不會太好，你去看那些說自己說話很直又沒什麼朋友的人，多半就是負面直接型。

某方面來說，我覺得他們單純到不太社會化，所以無法用比較得體、不會傷害到關係的方式去表達自己心中的想法。

如果你目前是負面的直接型，在話說出口或按出發送鍵以前，請先多想幾秒鐘，理解到對方跟你一樣也是人，也會因為一些話感到難過、不舒服，所以請問問自己有沒有更好的表達方式，能夠既不傷害他人又明確的表達自己。

委婉型標籤
拐彎抹角、繁複、較富情趣、害羞

雖然說委婉型比較花時間，但如果你喜歡戀愛中那種曖昧的甜蜜感、試探彼此關係的緊張感、猜測彼此心意的懸疑感，那麼委婉型絕對能夠滿足你的需求。他們之所以委婉，主要就是因為臉皮薄，如果你對於看別人害羞、不知所措、緊張的樣子很有興趣，那麼委婉型對你來說也會是一個好選擇。

如果你本身就是委婉型，再遇上一個委婉型，那麼恭喜你，你們可以像偶像劇中的男女主角一樣，花上大把的時間揣摩對方的心意，嘗盡戀愛中的酸甜苦辣！但最後不保證有個好結局就是了。

委婉型最大的優勢大概就是很適合當海王海后，大搞曖昧關係，最後再撇得一乾二淨吧！但由於我不提倡這種風格，所以怎麼做就不提了。

委婉型的正面狀態

正面狀態的委婉型有下列的特色：**較多實際付出、浪漫、用心、重視細節、該衝還是會衝的。**

委婉型本來就是膽子比較不大的類型，只是如果在正面狀態下，即使容易緊張，他們也還是會努力嘗試突破。同時，他們雖然礙於臉皮薄，不好意思直接表達，但他們會用行動來表示，努力對對方好。

雖然不會直說，但他們多半很用心、很重視細節，會在小地方表現自己的體貼和浪漫。

不過，我個人建議委婉型還是要勇敢直接一點，否則很容易因為時間拖得太久，而不小心錯過。

委婉型的負面狀態

關於委婉型的負面狀態，我想了非常久，最後我認為這個型態應該是不存在的。因為只要喜歡對方，不管是再怎麼害羞內向、裹足不前的人，都會有某種程度上的表示，也就是他們多半都會變成正面委婉型。

而每個不喜歡對方的人，都有可能變成負面的委婉型，既對對方不用心，也不浪漫，更別提什麼積極主動直接了。

所以當一個人對你既不直接，也無法從他的行為裡看出什麼付出，那麼他恐怕不是委婉型，只是不喜歡你罷了。請不要再腦補他是木頭或是害羞、缺乏勇氣、沒有安全感，沒有，基本上他就是不喜歡你，結案。

把四個類型組合起來，就是你的個人風格！

到這邊，我們說明了八種型態，每種型態都對應到不同的特點，所以每個人都必定屬於「健談 V.S 神秘」、「自我 V.S 親切」、「事件 V.S 情緒」、「直接 V.S 委婉」的其中四種類型。

你可以把自己的四種類型組合起來，就會得出屬於你的組合型態，例如「健談自我情緒直接型」、「神秘自我事件委婉型」……等等。接著，你可以先問問你身邊的朋友是否認同你的自我分類，以確保你的自我判斷合理正確。

記好這些類型的強項，在和別人聊天時盡量發揮，就能形塑出你的個人風格，吸引喜歡你的類型。決定了風格，接下來我們來看看如何創造愉快的聊天內容。

P.S. 這些組合的分析，是新書分享會的彩蛋哦！想知道的話請記得來參加分享會！

第三章

好好聊！升溫感情的軸心對話內容和技巧

LOVE

HAPPY！

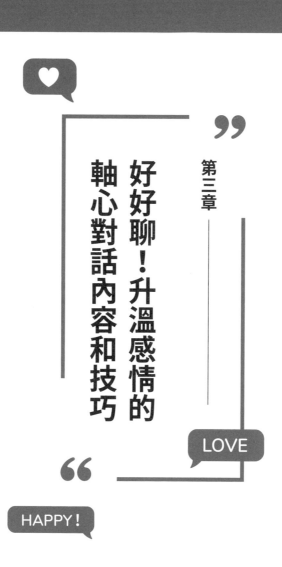

1. 讓交往關係逐漸成形的三種聊天價值

在搞定我們的人設，也就是整體給人的感覺之後，接下來我們要開始討論「對話的內容」。

人是很務實的，我們只會做出兩種行為：一、趨吉；二、避凶。即使只是聊天也不例外。

如果你發現別人好像不太想跟你聊天，總是回覆很慢、回得很冷淡、態度敷衍，動不動就去洗澡（現在通常不是去洗澡了，通常會直接消失），那就表示你並沒有在「聊天」這件事上，提供給對方足夠的價值。

要知道，聊天也是需要花時間的。你有沒有想過這個問題，同樣要花費時間，對方為什麼要選擇跟你聊天，而不是追劇、聽歌、跟朋友聚會呢？你給了多少的價值，讓對方願意在花花世界中選擇你？

其實這就是「對價關係」。所有人都很忙，人人都在選擇對自己最有利的選項，既然你希望對方把時間花在你身上，而不是別人或電視劇，那麼你就得先創造自己能給出的價值，提高吸引力。

那要創造什麼才是有價值的呢？基本上人之所以想跟另一個人聊天，無非基於三個要素：有用、有趣、有愛。

聊天第一要素：有用

顧名思義，「有用」指的是你能夠對他提供一些實質上的用處，只要在與你談話之間，他能得到某些對人生有實質助益的資訊、想法、觀念、情報，都能稱作是「有用」。同時這也是「事件型」的強項。

例如客戶來找我諮詢，或學生來請教我問題，在經過一番對談後，他覺得自己的想法變得更加清晰，原本的阻礙消失了，不僅找到了問題，也知道該如何解決，那麼對他而言，與我的對話就是有用的對話。

有些人喜歡舉辦一些同好會，或是某些商業合作的社團都會定期聚在一起，互相交流新知或情報，例如有什麼新的技術、新的產品、新的商業型態，或是又有什麼新作品、圈子裡又出現了什麼強勢新人……等等，不論是單純興趣或是與事業有關，**只要是當事人重視關心的事，都屬於重要的情報。**這就是為什麼這麼多人做生意要應酬、聊天的原因，某種程度其實都是為了交換情報，這也是一種常見的有用對話。

我的著作《從左手到牽手》有提到：「建立特定領域內的地位」，是一種能讓女性快速對男性產生崇拜感與好感的作法。以及「資訊供給」對於男女關係來說，確實存在某些價值。這些都是「有用」的概念。

一個常說無趣廢話的人，在生活中絕對會常常感覺到不被重視、沒人在乎他講的話，原因就在於他並沒有幫自己的語言創造價值。

我一再的強調：所有你身上的標籤、別人對你的觀感，全都是你創造出來的。所以當你並未賦予你說出口的話語價值時，他人就會用對待「沒價值」的東西的態度去面對它，這就是現實。

當他人覺得和你對話，對他們的人生很有幫助、啟發的時候，每個人絕對都會很尊重你的發言。想想，如果你有幸跟巴菲特及比爾蓋茲參與同一場聚會，能聽到兩位傳奇人物的對話，你會不會全神貫注的聽？雖然腦海中可能參雜了許多「哇好酷！我要跟別人炫耀」的想法，但基本上你是不會忽視他們的，因為你相信他們的話會為你的人生帶來改變。即使他們只是跟你說：「我每天早餐都吃生菜沙拉。」你都有可能從明天開始改變你的飲食習慣。

最極致的「有用對話」甚至可以改變一個人，所以你得更有意識的思考自己說出口的究竟是什麼？每一句話幫你塑造的究竟是更有利的人設，還是更不利的形象？如果你希望不只在感情上，在生活中的其他人際關係裡，別人能重視你說的話，那麼就得時刻去留意自己到底說了什麼，以及給其他人什麼觀感。

「有用」是一個超級強而有力的元素，不管你說話有不有趣、別人想不想跟你相處、對你有沒有好感，只要你的話是有力量的、有影響力的，你永遠都不用擔心別人不與你對話。「已讀不回」、「不讀不回」這種事，永遠都不會發生在講話有用的人身上，因為人們不敢錯過他說的話。所以即使只是一段剛開始的關係，或已經走到不甚樂觀的局面，「有用」的形象都能夠有效的幫你扳回一城。

聊天第二元素：有趣

聊天的第二種價值是「有趣」。「有趣」很單純，指的就是跟你聊天相處很開心、很愉快、很輕鬆。

大部分不擅於聊天的人，不是只重視「有用」，就是過於重視「有趣」跟「有愛」，導致整體的對話呈現一個「過多」的狀態。

你一定看過有些人很努力要搞笑，逮到時機就會說出一些你一看就知道是他拚了老命背起來的笑話或脫口秀段子，但因為他的努力實在是太明顯了，身邊的人反而很尷尬。

或是有些人看了一些油膩的教學，心裡想著：「哇！原來調情要這樣啊！原來曖昧要這樣啊！難怪以前女生不喜歡我，看我施展全新的誘惑絕技！」於是便開始跟女生說些「這杯茶跟妳一樣甜」、「除了戀愛，我跟妳沒什麼好談的」之類的撩妹金句，如果女生對你還沒有什麼好感，她多半也會變得很尷尬。

當聊天內容超越你的能力範圍，硬是要擠出笑點或戀愛氛圍，就是「過多」。

過於刻意是不會帶來好結果的，就像打腫臉充胖子的請人吃高檔餐廳、送昂貴的禮物，最後只是苦了自己，人只要進入強求的狀態，基本上迎來的就是令人失望的結果，幾乎沒有例外。

你可能會想：「我本身就不是個有趣的人啊！那我不就完蛋了嗎？」

事情倒也不是這樣，有趣是有分等級的。假設有趣的滿分是一百分，是像職業的搞笑藝人那麼好笑，零分是像老闆生氣那麼不好笑，那麼幾乎人人都可以有個四十分，如果再遇到相同頻率、喜好相同、品味相同的人，瞬間變成六十～八十分都不是問題。

在做任何事情之前，都得先搞清楚自己的目的是什麼，才能確保自己不會越走越偏。「有趣」只是為了讓別人喜歡跟你聊天，所以你不需要要求自己像搞笑藝人、脫口秀演員一樣好笑，那太不切實際了，你要追求的應該是六十分的好笑——只要別人覺得跟你聊天變輕鬆開心、覺得聊得來，就可以了！（對的，標準就是這麼低！）在後面的章節裡，會介紹兩個簡單就能讓對話變得有趣的技巧，只要好好練習，達到六十分絕對不是難事。

當你的發言本身就很有趣，或是對方因為跟你聊天而感到有趣，就產生「娛樂性」的作用，能夠帶給人快樂，讓氣氛變輕鬆，能夠讓人短暫的拋下生活裡的壓力和不愉快，這就是一個大利多。

只要你能帶給他人歡笑，讓人覺得跟你聊天很開心，那麼對方就會想跟你繼續相處，因為所有人都喜歡會讓自己開心的人。

聊天第三元素：有愛

「有愛的對話」其實就是所謂的調情。

我知道很多讀者都對調情很感興趣，但我先重申：一個人不會因為你講了兩句曖昧的話，就突然從討厭你變成喜歡你。

調情絕對是整個感情關係中的最末端，只要對方喜歡你，你說什麼他都喜歡你。就算你講的每一句話都是廢話、難笑到死或一點意義都沒有，只要他對你有愛，他都會覺得：「天哪你好可愛！」「天哪你好有趣！」「哇！你好有創意喔！」「你怎麼這麼有才華！」

「有愛的對話」只有在兩個時候是需要被刻意創造的：**一、對方還沒想過跟你之間的可能性，但對你這個人又印象不錯的時候；二、升溫的時候。**

如果你是直接型的人，只要確認對方對你有好感，我建議直接向對方表達，採取主動是最快的方式；如果你是臉皮薄的委婉型，就請參考後面章節的調情句型（P.246）。

只具備單點元素，聊天容易出問題

如果在這三元素裡，你只具備其中一項，那麼這段關係中斷的可能性會比較高，因為單點元素容易受時空影響而消失。

以「有趣」來說，如果你剛好最近工作很忙、壓力很大，或是陷入低潮，根本就沒有心情說說笑笑，那你不就不有趣了？如果你在一開始的聊天三要素裡只有「有趣」這一點，當它消失了以後，連結你們的點就不見了，除非你在過程裡建立了感情基礎，否則對方就會漸漸失去跟你聊天的理由。

那如果只具備「有愛」可以嗎？就算對方因為你長得很帥、很美，一開始對你有一點迷戀、有點喜歡，可是後來發現你們話不投機半句多，或是你忽然做了什麼事踩到他的地雷，他對你就容易冷掉，但你又只有「有愛」這個元素，那麼當好感逐漸消失，你們的關係也就沒什麼好繼續的，因為你並沒有其它可以吸引對方的東西。

「有用」則稍微不同。「有用」基本上是最難消失的元素，因為它代表你個人的實力，這是很難受到動搖的。但在一些情況下，「有用」這點還是有可能會不見。例如你最近不巧過得很失志；對方忽然發現其實你本人的實力不到水準、表現不佳，就會被人看破手腳；再來就是如果對方轉換領域，那你原本有用的技能知識、才華、學問等，對他而言就不再有用了。

例如對方之前想做電商，而你剛好又是一個很了解電商的專業人士，他就會因為跟你相處可以聽到很多關於電商的知識、了解很多創業的概念，而覺得你很棒、好有魅力、你什麼事情都懂，對你套上一個成熟有魅力、智慧過人的人設；但如果他要改行當模特兒，你的電商知識對他而言就不再像過去有這麼大的實質效益。所以除非你有更深厚的底蘊或人生智慧，否則如果你只是擁有某個領域的知識，你的「有用」很容易就會被其他人取代。

從上述這些例子中，我們可以看出來，當你在聊天中只創造了單點的價值，關係的變動性就高，因為你的被取代性很高，無法讓關係更穩固。

只具備兩項聊天元素會怎麼樣？

「那如果同時具備兩項的話，就會比較穩嗎？」

如果你同時具備了「有用」跟「有趣」，雖然他覺得能夠認識你這樣的人很棒，認為你有才華又有趣，有實力相處起來又輕鬆，這應該很完美才對，但如果你無法讓他將你視為感情的對象，那麼最後你們的關係可能止步於事業夥伴或朋友。

那如果是具備「有趣」和「有愛」會如何呢？我們現在就單講聊天內容，不把範圍上綱到生活及經濟能力的層面，如果只是要談段開心的戀愛，只具備這兩點是足夠的。但如果你想讓這段關係不僅是「一場戀愛」，而是想和對方長遠走下去的話，「有沒有用」還是會有影響的。

那如果同時存在「有用」跟「有愛」呢？那你們的結合就會非常務實，以實際做為優先考量，彼此也都能為對方的生活加分，一起進步成長。但因為少了「有趣」，所以往往在交往很久，甚至是結婚以後，開始出現無聊和痛苦的磨合期，讓你陷入兩難：「我真的要跟這個人定下來嗎？」

磨合期並不只存在「有用」＋「有愛」的組合裡，只是這個組合比較容易長久到遇到磨合期。「有用」＋「有趣」可能根本就不會開始交往；「有趣」＋「有愛」可能一過熱戀期，雙方就開始思考這段關係長跑下去的可行性。

當你只具備兩個元素時，關係就開始有機會成形（多數人的關係都只有兩種元素），但雙方還是會覺得好像少了點什麼。而這個「少了點什麼」的感覺，必定反映出你們在三元素裡最缺乏的一塊。

如果具備完整的三元素，這種關係無疑是最棒的情境，我看過身邊少數一些朋友擁有這樣的條件，他們不管是伴侶關係或婚姻關係都能維持得很好，因為他們不僅在感情上互相愛著對方，還能在生活實際面上不斷地幫助對方，時時保持在進步提升的狀態，日常的相處也是開心和樂又有趣。在這種理想狀態下，關係會非常的穩固。所以最好的情況就是你同時能達到「有用、有趣、有愛」這三個條件，但如果還做不到的時候該怎麼辦？

尚未同時具備三元素時該怎麼做？

如果你還做不到三者兼備，那麼你必須先抓出自己的立基點，然後往外擴張，例如你發現這個人現在之所以願意跟你聊天，是因為他覺得你有趣，可是你並不特別「有用」，他對你也還沒「有愛」。簡單來說，你們兩個就是講幹話閒聊的朋友，那你就必須開始在閒聊的基礎上，拓展出一些別的價值。

你可以開始跟他聊一些比較深入、專業一點的話題，或是給予他實際上想要的東西，像是舒服的生活、特別的體驗、關心……等等，花點時間去觀察對方想要的究竟是什麼，確實的將利多帶入你們的關係之中。

如果你們之間在談論公事或某些具專業性的話題時，對方都非常積極的回應，那表示你現在的立基點是「有用」，那麼你就要踩在「有用」的立基點上，偶爾開開玩笑，稍微過個水（後面的章節會講到如何從公事轉成私交），之後對方才會比較願意跟你聊些公事、專業以外的事情。

如果你是從「有愛」的基礎出發，表示對方已經對你有一定程度的好感，那麼要補足其它缺乏的元素，相對容易得多。在愛的濾鏡下，你的所有優點都會瞬間被放大到兩倍以上，明明你講的笑話也就普通好笑而已，但對方會因為喜歡你，而笑得花枝亂顫，覺得你超級幽默；明明你對某些事情的觀點很普通，但對方會因為喜歡你，而覺得你又聰明又有想法，簡直是不可多得的人才。愛情就是這麼的盲目。

你可能會問：「如果他一開始就對我有愛的話，幹嘛還需要花時間跟他聊天？」所謂的「一開始就有愛」，指的是有好感，而不是一見鍾情。如果你們是透過聯誼、相親、交友軟體等兩性交友目標非常明確的管道認識，而對方也對你表現得相當積極，表示他對你存在一定程度的好感，此時你再多花些時間去提升「有趣」跟「有用」的成份，就能讓關係在各個層面上變得更加穩固，好感也更容易上升。

提供價值

不管你選擇什麼樣的人設，對話的內容都不脫離提供「有用、有趣、有愛」這三種價值。有些人之所以感情不順，正是因為他們在與人相處的過程中，不但沒有提供絲毫的價值，還不斷向他人索取好處，對價關係無法成立，自然也就沒辦法與人更進一步的交往。

如果想要讓自己的聊天能力進步，那麼你必須不斷的**思考自己說出口的話，究竟是在創造價值，還是在索取價值？**你與他人的對話就像一張計分表，每創造一次價值，就會加一分，每索取一次價值，就會減一分，到了某個臨界點，就會決定這段關係是往前進一階，還是往後退一階。

談感情，尤其是吸引階段，你只能不斷的創造價值，不能去思考對方會提供你什麼對價關係，因為**好處是隨著你的價值提高而不斷釋出的**。如果你在創造自身的價值前，先去要求對方給你好處，就是貪圖，因為你尚未給出等價的條件。這樣的貪圖會形成挑剔與抱怨，例如埋怨對方回訊息的速度不夠快、埋怨對方不願意撥出更多時間給你、埋怨對方還有其他約會對象、埋怨對方不跟你進入交往關係……，這些埋怨往往都是來自你還沒有創造出自己的價值，讓對方看到利多，就想要求他人付出的貪圖。而這多半不會有什麼好下場，不是被騙，就是關係破裂。

只要你的價值夠高，對方的配合度也會跟著提高，因為對方也想要釋出利多來留住你。如此，你就會得到一段理想的對價關係。

上述的說法，可能會讓大家產生過於現實功利的想像，我再用實際的例子來說明：一對男女在交友軟體上認識，男生是個說話非常親切有趣的工程師，每次聊天總是逗得女生哈哈大笑。女生的個性也非常可愛，總能在讓人意想不到的地方突發奇想，帶給男生各種樂趣。他們有個共同興趣是種多肉植物，彼此會交流心得跟經驗，也會拍照分享自己養的植物的近況。兩人因為很聊得來，開始常常約會，每次只要男生請女生吃飯，女生必定會回請個飲料或是電影，兩個人都覺得相處起來輕鬆又舒服，便越走越近，越來越常關心對方，也越來越照顧彼此。最後，兩人自然而然的交往了，真是可喜可賀。

讓我們來拆解一下這個美好的愛情故事裡，存在了哪些價值：

1. 男生是個說話非常親切有趣的工程師，每次聊天總是逗得女生哈哈大笑。

↓有趣

2. 女生的個性也非常可愛，總能在讓人意想不到的地方突發奇想，帶給男生各種樂趣。

↓有趣

3. 他們有個共同興趣是種多肉植物，彼此之間都會交流心得跟經驗，也會拍照分享自己植物的近況。

↓有趣、有用

4. 每次只要男生請女生吃飯，女生必定會回請個飲料或是電影。

↓有用

5. 兩個人都覺得相處起來輕鬆又舒服，便越走越近，越來越常關心對方，也越來越照顧彼此。

↓有用、有愛

所謂的「對價關係」，並不單指「包養」這種粗暴有力的交易，它存在於宇宙的每一處，甚至你抖內 youtuber 也是一種對價關係。對每個人來說，有價值的東西都不同，能夠讓人感覺到「有趣的」、「有用的」、「有愛的」是什麼，也各不相同，所以我們必須訓練自己養成「在提出要求以前，先想想自己能給出什麼對對方來說有價值的東西」的思維習慣，會讓人免於變得貪得無厭。時刻記得創造價值的重要性，才能持續當個愛情常勝軍。

2. 絕對別踩的聊天地雷——你會自以為是嗎？

要強化聊天能力最基礎的一步，就是：不要被討厭。

「不要被討厭」說來簡單，實際上卻有很多人做不到，因為很多人連「這樣會討人厭」都不知道，自然也無法避開。所以我們先認識哪些行為屬於ＮＧ行為，並且正確的避開它。

首先，聊天裡最常見的ＮＧ行為，就是「自以為是」。

在人際關係中，自以為是的態度非常扣分，而所有的自以為是，都以「搞不清楚狀況」為前提，只要你的認知無法與現實接軌，就會因為錯誤的認知而產生不適當的舉動，造成他人錯愕的反應。例如：你以為很好笑，但別人都覺得很難笑，就叫自以為幽默；你以為自己很有魅力，但別人都不覺得，就叫自戀；你以為你很懂對方的處境，為了幫助對方，你便開始告訴對方該如何，但對方覺得你根本不懂，就叫愛說教；你以為自己講話很直白，但別人覺得你只是沒禮貌，就叫白目；你以為自己很慘很可憐是個受害者，但別人都覺得事情沒那麼嚴重、你也有責任，就叫自怨自艾；你以為你跟對方是某種關係，但對方卻不這麼認為，就叫一廂情願。

一旦人對於事物及自己的理解不夠清晰，就會搞不懂、看不清，也無法接受現實情況，只能以與事實相差甚遠的自己的理解去與他人應對互動，然後產生種種自以為是的現象。這裡列出常見狀況供大家參考：

1. 自以為幽默

小時候我很常聽人家說「低級當有趣」，即使時間流逝，這件事也沒變過，只是除了低級以外，還加上了白目。

很多人可能以為攻擊別人或是開黃腔、罵髒話、開酸……，就是幽默的展現，殊不知道對多數人來說不僅不覺得好笑，還會覺得你很失禮。更不得了的是，有些自以為幽默的人還會反過來說人家沒幽默感、玻璃心。

這裡列舉幾個自以為幽默的範例，請小心不要踩雷：

人身玩笑

例：「妳屁股蠻大的，是不是很常被人家笑順產型，哈哈」

「人家都說胸大無腦，在妳身上是蠻明顯的，哈哈」

「妳再想下去沒人要妳咧，妳是大齡女子欸」

性別玩笑

例：「我才不要坐女生開的車咧，哈哈」

「哎呀，真羨慕你們女生，都不用當兵，也不用買房買車」

沒照鏡子玩笑

例：「遇到我應該算妳幸運吧，哈哈」

「妳應該也蠻喜歡我的吧，哈哈」

為什麼例句裡都是用「妳」呢？因為和女生相比，男生比較容易抓不準開玩笑的分寸，常會說出一些惹怒人而不自知的話，這是很多男生在兩性關係中一直無法進展的最大卡點。

很多人不知道為什麼開錯玩笑會有這麼嚴重的後果，你可能覺得只是個玩笑話，事情應該沒這麼嚴重，但在他人的眼中，會直接對你產生「沙文主義」、「瞧不起女性」、「自以為是」、「不尊重人」等等印象，即使你平常根本不是這樣的人，只是想說點玩笑話讓氣氛好一點，別人也會認定你就是如此。

2. 自以為是的生氣

自以為幽默會讓人翻白眼，而「自以為是的生氣」則會被投稿到網路上公審。例如：女生告知聊天對象自己最近已經交男朋友了，馬上被質問：「在一起多久了？」「那時候我們不是還在聊天嗎？」「所以妳沒空跟我去看展，但有空跟對方吃飯？」甚至被對方言語攻擊：「所以妳家人到底有沒有生病？妳到底有沒有加班？妳這滿口謊言的女人！」

千萬不要以為上述荒唐的行為只有男生會做，其實「自以為是的生氣」，女生比男生還更常出現，只是男生比較不會把這些事拿出來要大家評評理而已。

一廂情願是不論男女都會有的現象，而不管你是過於樂觀的一廂情願，還是過於悲觀的一廂情願，只要離現實的落差越大，你的感情就會越不順。

我曾經看過有些女生很認不清現實，明明就是因為自己被甩了想挽回前任而來諮詢，但在諮詢的過程裡又一直抱怨對方，還不斷的問我：「為什麼都是我要改？為什麼他都不用改？他都沒有錯嗎？他都沒有責任嗎？難道今天會變成這樣都是我的問題？如果不是因為他怎樣怎樣，我會這樣嗎？」都到這節骨眼上了，還想要檢討對方，也難怪會走到分手的局面。

這就是認不清現實會產生的結果。在任何關係裡，都必須正確的判斷出「現在是誰需要誰」，否則就會因為錯誤的拿翹，而把事情搞砸。

這種情形不僅會發生在已交往的情侶或夫妻身上，單身者也會出現類似情況。有些人會因為一直以來，都是自己在關係裡比較積極，經過長期的努力，卻沒得到預期的回報，於是便開始對對方感到憤怒、覺得不公平。這也是搞不清楚狀況：是你喜歡人家，所以當然是你要讓對方對你產生興趣，不是嗎？怎麼會要求一個對你本來就沒興趣的人去符合你的期待呢？這不是很奇怪嗎？

如果你有以上的情形，請務必記得，如果不開心，隨時都可以收手，你隨時都可以不再跟對方聊天、隨時都可以不再跟對方出去、隨時都可以不再理會對方、隨時都可以把對方封鎖刪除、隨時都可以不再想聊天話題、隨時可以不再配合對方時間跟喜好、隨時可以不再跟對方上床……，你永遠都有權利隨時終止這些行為，因為你是有選擇的。如果你還是堅持要這麼做，那麼你就得認清這是你的選擇，然後停止你的憤怒跟抱怨，否則只會離你想要的結果越來越遠哦！

3. 說教

第三種常見狀況是「說教」。這是一種很讓人倒胃口的行為，好發於男性身上，同時也是許多男性莫名其妙就被淘汰出局的原因。因為白目的笑話、發脾氣，都是比較容易被檢討出來的錯誤，但是說教就不同了。

會對別人說教的人，必定存在著一種自己優於對方的優越感。如果當事人覺得自己劣於對方、不如對方，又怎麼可能去規勸對方呢？所以說教者在態度上就是「我比你更懂」、「我比你聰明」、「我看得比你更遠」、「我想得比你全面」。

沒有人喜歡被教訓，也沒有人喜歡被貶低，一旦你出現說教的行為，其實上下階級就出現了，隱含了一種你地位高、對方地位低的意味，多數人並不喜歡這種感覺。所以當這種情況一出現，對方就會產生防衛心理，並開始覺得煩躁、不舒服，想跟你保持距離。

但說教的行為之所以是很多人的感情盲點，原因就在於多數人都認為自己是好意、是為對方著想，卻沒有想過聽者是否覺得你夠資格給出建議。

一個人的話語要形成可以被接受的建議，是有前提的，那就是聽話的人跟說話的人之間要有一定的信任關係。聽話的人要對說話的人抱有崇拜、尊敬、認同或是愛的感受，才能夠視對方的發言為有意義、對自己有幫助的建議，否則就會淪為說教。

就好比過年時和長輩親戚之間的對話——「哎呀！你都幾歲了，應該趕快結婚啊！」「你怎麼不去大公司上班啊？」「你還在玩音樂？要做點有出息的事啊！」「你這種工作做不久啦，要想辦法學點一技之長才行啊！」「你還在念書？這樣會越來越沒有競爭力欸！」「你怎麼還沒買房子？出社會這麼久都沒有在存錢嗎？年輕人還是要多存一點錢比較好啦！」他們會給你很多諸如此類的建議，或是告訴你很多令你感到不以為然的道理，此時，他們就是在說教。

重點不是他們說的有沒有道理或正不正確，而是對你來說，這些親戚並不值得你尊敬和信任，所以你並不會聽進他們的話，你甚至會覺得「我看你們也沒有過得比較好，我為什麼要聽你們的？」就是因為對方在沒有滿足「值得尊敬與信任」的前提下給了一堆建議指教，才讓人想要盡量遠離。

在這邊要給讀者一個觀念：我們不要想去改變別人的想法和價值觀，也不要去為對方的未來著想。這麼說不是因為要成為一個自私自利的人，而是我們真的都不夠格。

我們是來談戀愛的，不是來當人生教練的，如果覺得對方的想法、價值觀很不妥，那麼我們要做的事不是改變他，而是離開他。因為每個人都改變不了任何人，只能接受對方就是如此。既然這樣，就不該繼續多費唇舌在說教上。讓別人成為他自己，你去過你的人生就好，這樣你們都會很快樂，他怎樣真的不干你的事。

以下給大家幾個聊天時常見的「說教」例句作為參考，請對照一下自己是否曾經犯過這樣的錯誤：

例1：「你不應該這樣跟老闆說話啊！他再怎樣都是你老闆，工作就是要忍耐。」如果你覺得對方在工作上的應對進退很蠢，那請你開始跟他保持距離，人家愛跟老闆怎麼講就怎麼講，你快去找跟你有同樣觀念的人聊天去。

例2：「女生那麼晚還在外面喝酒，很不好耶！」如果你覺得她這樣很不好，就快離開，千萬不要勉強自己適應對方、接受對方，讓對方去喝吧，那是她的人生。

例3：「你應該要多花點時間好好唸書，這樣才會有未來。」不是啊，人家有沒有未來你不要管嘛！如果你覺得他沒有未來，趕快離他遠遠的，不要跟沒未來的人瞎混了，好嗎？

以上幾個簡單例子，請大家以此類推，邏輯非常簡單：各人自掃門前雪，莫管他人瓦上霜，人家愛怎樣怎樣，你只要負責挑選覺得跟你合得來的就好，誰也不要勉強誰，這樣大家都會找到三觀很合的理想伴侶了。

4. 一廂情願

「一廂情願」通常好發於女性。很多女生會在跟對方聊得不錯、開始對對方有些好感，而且對方看起來態度也很積極、回應也很有興趣很熱情時，馬上就判斷彼此是「郎有情、妹有意」的狀況。

其實如果當事人的判斷是正確的，也知道該如何讓關係順利發展，是不會有什麼問題的。問題在於：此時，這些女生容易認為自己應該已經在對方心中佔有一席之地，甚至認為自己是準女友，只要時機成熟、對方開口，自己羞怯的點點頭，好事就成了！

所以，這些自詡為準女友的女孩們就會開始以女友的標準來思考，認為自己應該得到某些待遇或擁有某些權利。如果你們兩個關係真的不錯，甚至對方很喜歡你，那麼這些小小的要求或任性，可能還會增添一些甜蜜感，對方也會感受到你對他的重視；可是如果你誤判了情勢，對方對你根本就還沒有到這個程度，但是你卻開始做了這些控制性的行為，那對方就會開始熄火，對你退避三舍。畢竟只是聊個天而已，八字都還沒有一撇，你就開始管東管西，誰敢想像如果真的跟你在一起會過著什麼樣的日子。

舉個實際案例給大家參考：

有一對男女在交友軟體上認識，大概聊了三天左右，女生就開始追問起男生在哪間公司上班。但男生認為兩個人只是網友，連面都沒見過，不想透露太多個人資訊，於是男生開始推託：「哎呀！不要這樣，大家交個朋友，不要這樣苦苦相逼。」男生想藉著打哈哈帶過，誰知道這女生說了一句：「好啦！我願意讓你保有自由的空間。」

此話一出，男生兩三天都沒再回過她訊息。這對很多女生來說是一個巨大的謎團，多數女生會覺得這樣講很得體啊！這不顯示自己的寬容大度嗎？到底為什麼不行？

說出這句話代表這個女生在心裡預設的前提是「我有資格干涉對方的自由，只是現在我寬宏大量讓對方保有自由」（關於預設前提的詳細內容，可參考我的另一本書《愛情，不只順其自然》）。這就是典型的「一廂情願」，她認為自己和對方很熱絡、關係很不錯，應該穩操勝券，便有這樣的發言，最後卻把男生嚇跑了，因為不僅男生跟她的認知落差太大，也感覺到她的控制欲，當然就逃之夭夭了。

一廂情願的人還會做出很多事情，例如質問對方跟其他異性的關係、檢查對方的社群軟體好友及底下留言互動、如果對方沒有符合自己的期待，便感到委屈難過失落，然後開始陰陽怪氣，而這些現象都是源自於**「認為彼此之間存在著某種關係」**。

但如果你想要感情順利的話，就必須建立一個基本認知：凡事皆要等到塵埃落定，落袋為安。在對方真的很喜歡你，並且正式跟你進入一段具承諾性的關係之前，都不要在那邊有的沒的。

我一直很認同一句話：「不做死，就不會死。」很多關係都是被當事人這種先入為主、自以為是的心態玩死的。對方通常一開始都不是沒興趣，但當事人就是很急很缺，又喜歡看到黑影就開槍，明明日子就過得好好的，偏要每天像名偵探一樣監視人家的社群軟體，只要看到有異性來互動就起疑，不是把自己逼到快發瘋，就是一直去試探、為難對方，要人家給你一個保證一個承諾，如果對方沒有很喜歡你，不提早結束這段關係才怪。

「一廂情願」是一種非常心理層面的現象，它跟前面幾點不同。「自以為幽默」是缺乏社交經驗與一般禮儀的認知；「自以為是的生氣」是搞不清楚現階段關係中的權力結構；「說教」是搞不清楚真正的友善是尊重他人。而「一廂情願」則是沒有搞懂什麼是真正的「愛」。

其實不論兩個人是否只是剛認識，還是曖昧、交往，甚至步入婚姻，所謂的「真愛」，指的一直都是「自由」。愛一個人，並沒有給你限制他的權力，也沒有給你逼迫他也要愛你的權力。愛一個人，你唯一擁有的權利，叫作去行使你的愛，僅此而已。

所以站在真愛的角度，不論對方和你目前到底是什麼關係，質問、逼迫、猜疑、憤怒、嫉妒，都必然會導致關係的破裂，更何況在你們的關係根本不穩固，雙方並沒有決定「要一起走下去」之前，**任何的負面情緒都只會加速對方的離開，因為你們並沒有建立起「即使痛苦，還是想解決」的感情基礎**。

如果你覺得講真愛太矯情，那我們以技巧面來看，在正式進入關係以前，都不要去跟對方吵架，會是個比較好的作法。因為**在交往前，所有人都是在跟自己的想像談戀愛**，每一次的爭吵，都是在為對方埋下一顆「我們可能不適合」的想像種子。種子累積得越多，或是發芽得越快，對方就越容易萌生退意，關係自然會走下坡。

所以記住一個重點：不論你相信的是真愛還是戀愛技術，在正式進入關係前，都不要跟人家吵架，也不要陰陽怪氣，否則不但不會讓你的安全感獲得滿足，反而會讓關係每況愈下。

5. 自以為講話直率

「自以為講話很直率」是許多人都有的現象。「說真話」絕對是一種符合道德標準的行為，而直率的發言也的確會讓人更加明白情況，避免會錯意或抱持無謂的期待。但就我的觀察，我發現多數講話非常直接的人往往都不斷的得罪人、感情不順利，難以得到理想的人際結果。

為什麼呢？我認為問題在於人們分不清楚「直接」跟「白目」的差異。

有本大受好評的書叫做《被討厭的勇氣》，可惜許多本就不是很有禮貌的人曲解其中的論述，講話變得更沒禮貌，還鼓勵自己要有被討厭的勇氣，認為自己只是說出實話，如果對方接受不了、覺得不舒服，那就是對方自己的問題。但事實上，很多人講話根本不是直白，只是沒在尊重人而已。

我就看過有些男生會一直講關於自己的性經驗或性癖好給對方聽，女生如果反應覺得很尷尬，男生就會說：「我只是做自己，有什麼關係嗎？」「我講話就比較直白，我就不相信妳都沒有性欲。」

我也看過有些人會直接跟對方說：「妳這種女生男生只想跟妳約炮啦，這種態度誰要跟妳交往？難怪單身這麼久。」

這類對話並沒有什麼存在的價值，除了造成雙方的不愉快以外，也沒有實質的意義跟建設性，只是流於情緒上的抒發，對彼此都沒有好處。

或許你會想：「可這就是我的想法啊！我說出心裡真實的想法，有什麼不對嗎？」

聲音表達訓練師周震宇老師說過一句話：「假話全不講，真話不全講。」我非常的認同。

很多真話必須看時機、看場合、看關係去講，而不是想到什麼就說什麼。每一個會說「我講話就是很直」的人，其實心裡都知道自己的言論會造成別人的不舒服，但他並不在乎，所以才會用「說話很直」去包裝自己不看時機、不看場合、不看關係，也不在乎別人感受的說話方式。

其實不僅說實話需要勇氣，聽實話需要更大的勇氣。這就是為什麼當我們要說些大白話以前，必須更謹慎的思考說的方式和時機，以及彼此的關係，因為有些話之所以難以啟齒，是因為我們也知道對方可能會難以承受。如果我們真的有一顆體貼別人的心，就得更仔細的看待我們說出來的真話是否對對方有所幫助。

很多人的感情關係、人際關係之所以出問題，都是來自於「自以為講話很直率」，但事實上只是沒禮貌。這樣子的行為乍看之下好像很率性、很有個性、很做自己，但是當一個人只用自己的思想橫衝直撞，不去顧及他人感受、不為別人著想法，人際跟感情是絕對不可能順利的。

我曾經見過一個認為自己說話很直的人，每天都用不顧慮他人、不在乎他人感受的方式說話、罵人，總是跟別人說：「我講話就是這麼直接，不能接受就滾」，然後再對於自己沒朋友這件事感到苦惱，這不是很奇怪嗎？

所謂的「講話很直」跟「做自己」是建立在一個不傷害到他人的範圍之內。雖然我們無法保證別人會怎麼解讀我們的話，但至少我們可以有意識的在自己的能力範圍內，更好的表達。

我有一個人生導師永遠都說實話，說話也很直，但他總是以「要對對方有幫助」為出發點去說話。我的導師會很謹慎的選擇切入的方式，所以即使有時候聽他說了什麼大白話而感到很沮喪，也不會心存怨恨，因為明白他並沒有要傷害對方的意思。

「直接」從來都不是錯事，但許多人的直接都只是白目跟沒禮貌的組成而已。所以如果你發現你的感情不順，是來自於你過去「太直接」，那麼你最好多為人著想，多體貼別人一點，會讓你的人際關係更順利。

以上五種聊天NG行為，其實根本的問題都出在認知上，因為所謂的「自以為是」就是：我自認為事情是怎樣，可是它與現況並不符。例如自以為講話很直，卻不知道這其實只是白目；自己一廂情願，以為你們正朝著交往的途中邁進，卻不知道對方其實對你沒興趣；自以為對對方好，便一直說教，卻不知道對方根本不在意你講的是什麼，也不認為你有資格跟他說什麼；自以為是的生氣，人家其實覺得你的邏輯很奇怪，所以你生什麼氣人家也搞不清楚；自以為幽默，就是你以為很好笑，但是別人根本就笑不出來。這些都是認知上的問題，一旦認知與他人或社會大眾無法接軌時，就很容易有自以為是的傾向。

如果想要解決這個問題，有一個最簡單的方法，就是觀察一個你身邊人際關係很吃得開的同事或朋友，看看他都怎麼跟別人說話。例如當A說：「我好像變胖了」，先想想你會用什麼樣的語氣跟內容回應對方，再觀察這些吃得開的人都怎麼做，把他的做法記起來，下次照著模仿，看看會有什麼效果。

一開始你可能很難有什麼原創的作法，但沒關係，人是學習的動物，你只要先不斷模仿、紀錄，再慢慢去觀察更多人的人際關係為什麼好跟為什麼不好，自然就越來越能夠抓到與對象聊天的界限與分寸。

3. 深入對話，讓愛從談話中萌生

不論是在職場、人際、情場、家庭，如果想讓別人重視你的意見、把你的話放在心上，在別人的心中佔有一席之地，那麼創造「有意義的對話」絕對不可或缺。

要達到「有意義的對話」，我認為需要的對話能力可以分成三階段：一、說話清楚有重點；二、彼此分享；三、提供專業資訊。

階段越高，對話的意義自然越大，但因為本書的重點在於透過聊天創造吸引力，讓關係進展更順利，所以我們只談前兩個階段，最後一個階段讀者多增加自己的專業知識及技能就可以了。

說話清楚有重點，增加你在對方心中的份量

「說話」人人都會，但很多人都只是把「話」從嘴裡吐出來，完全不經過大腦編排，也不真的知道自己究竟說了什麼，有時候根本只是為了說而說（例如負面健談型），以為只要說得夠多，就能夠以量取勝──說一句沒打動你？那我再說十句！總有一句中的吧！

這種心態導致他們說話的效能很低，可以用三句話解決的事，變成要講十句話，然後還說不清楚。因為話語中的質量低，所以人們會認為他們大部分的話都可以忽略，要花注意力仔細聽他們說話簡直是在浪費時間。久而久之，自然會降低對他們的重視。

反之，有些人話不見得多，但身邊的人卻很看重他們的意見，原因就在於他們說出來的話，對於聽者來說是有意義、有價值的。因為他們說話清楚完整，聽者不需要花費很大的力氣去搞懂他們究竟想要表達什麼；因為他們說話重點明確，聽者不需要

一一過濾，就可以得到資訊；因為他們說話邏輯清晰，聽者不需要浪費時間整理話中的內容。所以只要他們一開口，人們都會聽，因為他們的話是高效益的。

即使是在較不需要要求效率的感情或人際關係上也是如此，一個人如果總是言不及義，別人對他的重視度就會下降。

舉例來說，一個人如果總是在高中同學群組裡，每天發早安貼圖，或是一直說：「好閒喔」、「好無聊喔」、「好想下班喔」，很快的大家不是敷衍他就是忽略他。

在感情裡，如果某人每天跟你早安午安晚安、講些無聊笑話，或是分享起事情來東扯西扯，沒重點也沒笑點，還一直談論你不感興趣的主題或資訊，那麼你鐵定會覺得他在浪費你的人生，以後可能連讀他的訊息都不願意。

所以如果你覺得別人都不重視你的話、你的想法、經驗，很可能不是因為你人微言輕，也不是人家故意要針對你，只是聽你說話的ＣＰ值實在太低，所以人家選擇了放棄。

要改變這個狀況並不難，只要開始練習「開口前先思考」就行了。

首先你要搞清楚，你開口的目的是什麼？你想達成什麼效果？是想被喜歡？想逗大家笑？想表達自己的想法？想顯得自己很聰明？還是想幫對方解決問題？

不管你的目的是什麼，都得先確認好，才能立定說話的方向。接著，思考如何用最少的字來表達你的意思。

舉例來說，遇到異性的邀約，話多的人可能會有以下的反應：

A：「明天要不要出去？」

B：「明天嗎？」

B：「好啊～」

B：「我今天排了要去剪頭髮」

B：「後天公司要聚餐」

B：「剛好就明天沒事耶～好巧喔！」

B：「你想去哪邊～」

人家講一句，B講了六句，而且六句裡面有四句其實可以省略，這就表示B是完全按照自己當下的心情，隨心所欲愛講什麼講什麼。

那如果是話少的人，會怎麼回應呢？

A：「明天要不要出去？」

C：「好啊～」

C：「你要帶我去哪？」

上述的對話簡單明確，既回應了A的邀約，還帶有點調情的成份，遠比B那多餘的6句來得更有效率及曖昧張力。

那如果是話太少的人呢？

A：「明天要不要出去？」

D：「可」

當你的話語少到只剩必要性用語時，會顯得不近人情，人家會覺得你是不是不高興？是不是不想跟自己出去？反而創造一種疏離感，對於拉近距離不利。

所以雖然我們力求說話精簡，但也不能過頭，除了必要性字眼以外，還得把「如何讓聽者感到舒服」一併考量進去。

要訓練精簡有效又正確的對談，有個很好的方式：限制自己每天只能說五十句話。

人的廢話之所以多，是因為說話是免費的。

在以往簡訊一封三塊錢的時代，人們是不說廢話的，會盡可能在七十個字之內，正確而有效的傳達自己的想法，如果一不小心超過，發送那一刻心就開始淌血。所以這證實了：人們只要對自己加上句數的限制，就逼得我們不得不動腦，篩選出真正必要的話，並且設法讓它變得更精簡且具有效益。

但當我們得到了免費的通訊軟體之後，彷彿拔除了廢話限制器一般，各種無意義的話像農曆七月的鬼一樣傾巢而出，一直問安、長輩圖（三塊錢的時代我舅舅從來沒傳過訊息給我）、一直問「在嗎？」（我幾乎沒乎沒看過有人用簡訊問「在嗎」）——人與人之間的對話，就由量變產生了質變——變得更爛了。

當你開始限制自己的每日可用句數，就會意識到「傾聽」的重要性，而這正是多數負面健談型所需要的。為了更有效率的運用少得可憐的句子，你得開始學會仔細聽

懂別人想要表達什麼、別人背後的意圖是什麼？才能用最少的句子做出最好的回應。

我個人採取的方法是一天只能說三十句話，但每個人的情況不同，可以因應不同的情況設定：

如果你做的是銷售型工作，公司就是花錢請你來講話的，那麼你可以改成針對性的限制，例如一個客戶只能說五句、一件事情只能說五句等等，然後在非工作時間裡，限制自己一天總計只能講五十句話。如果是一般的人際關係或感情，則因為沒有現實上的考量，可以比較徹底的執行這項訓練，試著每個問題最多只回答兩句、每個問題只用一句話提問、回應對方時只用一到兩句表達自己的感覺。

又或是如果你覺得自己話真的很多，一下子縮短成五十句很困難，那麼就先從一百句開始。在手機裡下載記數器的APP，隨時記錄自己說了多少話，這個動作會幫助你意識到自己在講話，或正準備講話，這會有助於讓「說話」的概念進入意識，避免又流於無意識的說話。

限制自己每天只能說幾句話，在吸引上有幾個附加的好處，因為無意義的話變少了，你人就看起來更聰明了；因為不再喋喋不休講個沒完了，也感覺比較有神秘感了；因為突然變冷淡了，也就自然實現了若即若離、忽冷忽熱的感覺了。

「每日50句」練習SOP

1. 幫自己訂下明確規則，不可以有模糊地帶，否則會造成你不必要的困惑。
2. 在手機上下載記數器APP，記錄自己當日已使用的句數。
3. 如果是主動開口，先思考自己本次開口的目的是什麼，確立目標。
4. 選出必要性的字眼，例如：「你」、「明天」、「忙？」、「出去」。
5. 接著把必要性字眼串成合理的一句話，例如：「明天忙嗎？」「要不要出去？」完成後把話講出去。
6. 仔細傾聽跟觀察對方的回應，確認對方狀態。
7. 等對方回應後，再次重複步驟3～5，完成對話。

P.S 平時別人沒跟你説話的時候，可以訓練自己去觀察他人的對話模式，尤其去看看那些人緣好的人如何跟其他人應對，把它筆記下來吧！

如果你是話少到不行，都沒話跟別人講的人，請你反其道而行：

1. 幫自己訂下明確規則，每天要説滿五十句話。
2. 在手機上下載記數器 **APP**，記錄自己當日已使用的句數。
3. 如果是主動開口，先思考自己本次開口的目的是什麼，確立目標。
4. 選出必要性的字眼，例如：「你」、「明天」、「忙？」、「出去」。
5. 接著把必要性字眼串成合理的一句話，並且**適當加入讓人感覺更為親切舒服的詞語或語助詞**，例如：「明天忙不忙？」「要一起去走走嗎？」。
6. 仔細傾聽跟觀察對方的回應，確認對方狀態。
7. 等對方回應後，再次重複步驟3～5，不可以擅自結束對話。

彼此分享要分享什麼？

當你説話變得更有意識、更有效率，我們就可以進行下一步：開始有意識的跟他人分享。

在感情裡最常見的分享，不外乎是日常的生活趣事或是自身的經驗，偶爾也會提到一些小知識或情報，但通常不是大宗。那為什麼要在訓練話少（或話多一點）之後，才開始跟別人交流呢？

因為阻止扣分比努力加分簡單，而且空間更大。

你要想，其實你本身可能就已經有不少吸引人的地方，只是你過去的説話方式太讓自己扣分了，才導致你沒有取得理想的結果。既然如此，先把洞補起來，是一個相對快速省力的作法，畢竟「不做某些事」總是比「多做某些事」來得更加簡單明確。

另一個原因是，當你不再需要依靠不停的説話來刷存在感時，才有辦法靜下來好好的思考自己每一步的鋪排，而所有技巧在此刻才開始有了發揮的空間。

「彼此分享」不僅要說，更重要的是「聽」。聽對了，你就能懂對方的弦外之音；你就能懂對方的心理狀態，你也才能夠給出適切的回應。這就是為什麼要各位讀者先訓練「靜」，並且「聽」的原因。

這是左右一段關係能否往「長久的戀愛方向發展」的重要關鍵。你再怎麼好笑，也不可能永遠都在跟對方說笑話；你再怎麼會撩，也不可能永遠都在跟對方談情說愛。「有趣感」跟「戀愛感」固然重要，但最終仍會回歸到生活中平凡的談話，所以**在尋常的對話裡，是否能夠不著痕跡的埋入有利於你的感覺種子，會大幅的決定你們的關係往哪裡前進。**

「聊天的重點是運用談話堆疊人設」，每個動作、每句話都是在打造你的人設、都是在催化他人對於「跟你之間未來的想像」，所以在對話的過程裡，我們要做的事情是「搜集情報」跟「創造想像」。

搜集情報：深入了解對方的喜好與原因

我在《愛情，不只順其自然》裡說明過關於「作息時間」、「工作性質」、「交友圈」等物理類型情報的使用方式，有興趣的讀者可以參考，在這裡就不贅述。

這裡要講的是「心理類型情報」，也就是喜好、興趣、價值觀等等與心理活動較有關聯的部分。

為什麼要了解別人的心理活動呢？首先，了解對方興趣跟喜好，對於你創造話題、營造約會，有很大的幫助。如果你知道對方有懼高症，至少可以不要找他去玩高空彈跳；如果你知道對方不敢吃生的，至少可以避免找他去吃壽司；如果你知道對方喜歡戶外活動，那安排約會時就可以往這方面做準備。

再來，很多人都想要更深入的了解他人，包含對方的價值觀、看待事物的角度、思考的邏輯跟方式……，這些都涉及了心理活動的範圍。所以如果你想要判斷自己跟對方處不處得來，那麼絕對需要花點時間了解對方的運作方式。

了解他人的方法很多，這裡教大家兩個最簡單的問話法：問原因＋問具體。

只要你對對方的理由感到好奇、想了解對方的感受和經驗，就叫問原因，也就是問「為什麼」。例如對方說喜歡爬山，就可以問：「是喔！好酷喔！為什麼喜歡爬山啊？是喜歡看風景嗎？」

有些人在跟別人聊天時會怕冒犯到他人隱私，便不太敢提問，卻不知道如果你完全不提問，別人只會覺得你對他不感興趣。

那要怎麼問才不會讓人覺得被冒犯或不舒服呢？很簡單，先給一個正面形容詞再問，並且留意最後要帶語助詞，才不會像在審問。例如：「你喜歡健身喔？好有毅力喔！為什麼喜歡健身啊？」「你喜歡日本喔？我也很喜歡耶！為什麼你喜歡日本啊？」「你喜歡爵士樂喔？感覺好像很高級！為什麼喜歡爵士樂啊？」

當你先給予對方正面的回應，別人就會比較願意告訴你原因。如果你是說：「蛤？你喜歡日本喔？好常見喔，你為什麼喜歡日本啊？有什麼好玩的？」聽完誰還要告訴你？

如果你只是說：「為什麼喜歡健身？」則感覺很像在做身家調查，讓人不由得想正襟危坐，回答：「報告！因為想促進體內新陳代謝，保持良好體態及體況。」

所以當你想要了解對方的感受、經驗和想法時，千萬不要忽略了這兩個小細節。

再來，「問具體」指的是「問清楚內容是什麼」，例如：喜歡運動，是什麼類型的運動？跑步？重訓？自行車？游泳？爬山？是喜歡短跑？長跑？半馬？全馬？是喜歡去河堤跑？公園跑？跑步機跑？是每天跑？每週跑？這些就叫作「具體的內容」。

當然，不是要你連珠炮般的問，而是要你問得更清楚一些。例如：「你喜歡跑步喔？好有毅力喔！那你都是去哪邊跑啊？」

「哦～那你天天去嗎？」

「為什麼這麼喜歡跑步啊？我有次買了球鞋，想說要開始跑，結果只去了兩次就放棄了……你可以跟我分享跑步的魅力嗎？」

對方可能會說：「因為我覺得風吹很舒服」、「因為跑步比較方便啊！只要有鞋子就隨時可以跑！」「一開始我也不怎麼喜歡，但跑到一個程度大腦會分泌腦內啡，就會變開心的。你如果有興趣的話，之後我們可以找時間一起去跑，有伴比較可以堅持。」

問清楚有幾個好處：一，你可以更深入了解對方的喜好，了解他喜歡的究竟是什麼樣的感覺，畢竟同樣是喜歡跑步，每個人的理由都不盡相同；二，深入的詢問會讓對方覺得你對他感興趣的事情感興趣，自然對你產生「知己」、「好聊」、「同好」的想法。而這種感覺會讓他想花更多時間跟你相處；三，不浪費話題，深入聊下去，可以省下不停想話題的功夫；四，如果聊得很開心，對方說不定會主動約你。

這不僅是個搜集情報的過程，同時也是在創造有意義的對話。很多急於脫單的人會用非常粗糙、不帶技巧，也不顧及別人感受的方式和異性相處。他們認為自己沒時間慢慢耗，所以從一開始就很粗魯的處理關係，包含在還沒見過面以前，就先問對方身高體重收入有沒有車子房子、問對方有沒有結婚打算等等，說真的，原本有意願的都會被搞到沒意願。

欲速則不達。把事情做得越細緻，效果就會越好；反之，越粗暴的作法，效率就會越差。所以不管你趕不趕時間，若想要找到一個適合你的對象、有段好姻緣，就更需要照著本書的方法練習哦！

創造想像

在聊天的過程裡，除了保持雙方輕鬆開心的氛圍以外，「適時的創造對方的想像」也是不可或缺的關鍵。

為什麼有些人明明一開始聊得很熱絡，但聊著聊著就沒下文了呢？因為他們只是很聊得來而已，在過程裡，並沒有為對方提供足夠多的關於未來的美好想像，當然就不會有什麼發展。

這就像你去逛服飾店，店員都不跟你介紹衣服，只是一個勁的跟你聊天，你們發現彼此真是無話不談，從天南聊到地北，足足聊了三小時，然後呢？然後你可能就走了，因為你跟朋友約吃晚餐的時間到了。你們兩個花了三小時，但你沒買到衣服，他沒賣出衣服，雙方都沒有達到彼此的目的。

如果以服飾店來比喻的話，上述屬於「一直想套交情，看能不能用人情賣衣服型」。還有另一種比較常見，叫「一直話術，其實不了解你型」。

這種店員的業績好壞，端看他話術技巧有多高明、隱藏得有多好。他們會拿出一件完全不是你style的衣服，跟你說：「衣櫃裡都是一樣的衣服多無聊啊！選件以前沒買過的吧！」或是在你猶豫尺寸會不會太大的時候，跟你說：「現在流行穿寬版啦！寬鬆才看起來很chill啊！」這時候如果你腦波跟我一樣弱，就有可能被說服，但對於比較主觀、很知道自己要什麼的人來說，卻很容易造成反效果。

上述這種一直話術的類型，套用到戀愛裡，高端的叫PUA，低端的叫不尊重人。他們的共通點就是只在乎自己的目的，也不真的想了解對方，只想要利用快速的方式達到目標就好。所以如果他們的技術夠好，要進入交往雖然沒那麼困難，但關係品質如何，就另當別論了。

最後還有一種類型的店員，通常是成交率最高，也最容易培養主顧客的，就是「了解你的需求，創造你的想像型」。

這種店員一開始會先了解你的用途跟平常的習慣，他們會問你：「這次想找什麼呢？」「我想找襯衫。」「是工作用的嗎？還是要找休閒款的呢？」「工作用的。」「平常下班以後有熨衣服的習慣嗎？」「沒有耶，下班回家都不想做家事。」「那你可以看一下我們這款防皺襯衫，它最大的好處就是免熨，而且還可以用洗衣機洗，曬完也不會變成鹹菜。把熨衣服的時間省下來，躺在床上滑個手機追個劇，多好！對了，有人說過你長得很像韓國明星XXX嗎？演XXX的那個，你知道嗎？很帥耶！」

「咦？有嗎？沒人說過耶！他是誰啊？」

在搞清楚你的需求之後，找出能替你解決問題的商品，並且讓你想像：如果不用再花力氣熨衣服，下班可以多點時間躺在床上滑手機耍廢，也不必怕隔天衣服皺巴巴，那該有多棒啊！最後再順便灌一下迷湯，讓你龍心大悅，就可以促進消費。我有一次就因為店員說我長得像《機智醫生生活》裡的男角，差點多買了兩個蓮蓬頭。

在戀愛裡，「了解需求，創造想像」同樣是讓人買單的不二法門。那要創造什麼想像呢？有兩個重點：一，安全感；二，未來感。

安全感——和你在一起，我可以放心做自己！

「安全感」非常簡單，只要在對方表現出脆弱的時候，穩穩的接住對方就行了。例如對方說：「我小時候因為很胖，所以常常被欺負。」很多人會因為一時慌亂，不知道該怎麼辦，而回答：「是喔……沒事啦，都過去了，拍拍。」這回答雖然不過不失，但也沒什麼亮點。

像這種情況，我覺得有兩種路線可以選擇：

如果你面對的是女生或陰性特質較重的男生，那麼可以選擇比較打抱不平的方式，例如：「欸那些人也太壞了吧！如果我小時候就認識你，我一定會揍他們。」

如果你面對的是男生，可以選擇就只是接住，例如：「這樣啊，過程一定很不容易吧，謝謝你願意告訴我。」

當面對他人的脆弱時，要用「同理」的角度處理，而不是「同情」。

「同情」會削弱人的能量，強化當事人覺得自己很可憐、很可悲的受害者狀態，一旦當事人覺得這麼做會得到好處，就會耽溺在這個狀態中不願起來面對自己的功課。長遠來看，這對當事人及其身邊的人都會帶來負面的影響。

很多人之所以喜歡抱怨、散發負能量、情緒化，是因為對他們有好處。這些行為會使身邊的人順從他，也能讓他們逃避很多不想面對的難題、不用承擔責任。

那「同理」有什麼不同呢？「同理」的重點在於：**我試著理解你**。就這樣。你沒有要幫他處理任何問題，他也無法不負起責任，你只是去理解他發生的事以及原因，並且接受他有這個經驗和想法，但不代表你需要接受他後續的行為。

有些人在得知別人悲慘的過去後，心中便升起了：「啊，這個人發生過這樣的事，也難怪他現在會這樣。」然後接受了對方給自己不好的對待，但這是錯誤的——不管他發生過什麼事，都不表示他可以傷害別人。

舉例來說，有個渣男說自己以前被交往六年即將步入禮堂的未婚妻劈腿，出軌的對象還是自己找來當伴郎的最要好的兄弟，自此之後，他再也不相信婚姻和愛情。聽完這番話，那個愛上他的女人心裡便想：「天啊！他的心一定傷得很深，難怪他不願意進入一段穩定的關係，只想遊戲人間。沒關係！我要用我的愛來治癒他，讓他明白不是每個女人都是這樣的！」

然後呢，這個女人十之八九不會得到好結果，對方可能在跟她曖昧、上床，把她當成炮友很長一段時間後，突然就交女朋友結婚了。這個傻女孩此時才突然醒悟：「原來不是不結，是不想跟我結。」

所以如果你是個富有同情心的人，請收起你的同情心，不管對方有多麼慘、童年有多麼可悲、情路有多麼坎坷，都與他怎麼對待你沒有絲毫的關聯，那並不構成你接受對方不好好對待你的理由。

如果你是個沒什麼同情心的人，那麼請拿出你的同理心，當別人展現出自己的脆弱時，請好好的聽，不用給他建議，除非對方主動問你，否則也不用提出解決方法，只需要聆聽對方的想法及感受，並且給予適當的關心即可。

未來感──只要和你在一起，會一直很快樂吧！

除了給對方「會接納他的一切」的安全感以外，未來會跟你過著什麼樣的日子，也是很重要的一環。畢竟如果你能接納他的一切，可是他跟你待在一起一點也不開心，那你不就會淪為當他心情不好的時候，用來訴苦的工具人了嗎？

所以為什麼要先搜集資訊，目的就是了解對方的特性，避開地雷，並且多聊共同話題，這麼一來就可以營造出一種「雙方相處很融洽」、「跟這個人很聊得來」、「跟他相處很舒服」的感覺。而這些感覺都會形成投射點，並被延伸放大成對未來的想像。例如：「哇，我跟對方好聊得來喔！相處起來很自在，不會像我跟前任都沒話講，講沒兩句就吵架。」只要對方產生了這種想法，在時間配置上，選擇你的比重就會增加。

除了這種被動式、任憑對方想的想像之外，你還要有意識的植入某些情境感覺給對方，我將它稱為「提醒」。「提醒」越多，越有機會促成某件事的發生。

舉個不爭氣的例子：就算心裡想著要減肥，只要經過鹹酥雞攤，我心裡就會閃過

「好想吃鹹酥雞！」的念頭，然後走到攤子前，一夾就是兩百多塊。但在沒看到「鹹酥雞」這三個字以前，我壓根沒想到要吃它。這就是一種「提醒」——它讓我的腦子想起來某個選項的可能性，以及它可能帶來的快樂。

你可能有過這樣的經驗：打開外送平台，原本沒想到要吃火鍋，但因為突然看到照片，而興起了吃火鍋的衝動；上網路書店，原本只想買一本書，但在看到下面寫著「瀏覽過本書的人，也看過……」的書單，便也買了其它書；玩免費遊戲的時候，一直跳出要看五秒才能關掉的免洗手遊廣告，看了十次之後，突然開始有點想玩……。

這些都是「提醒」應用在商業模式上的手法，同樣的，它也可以應用在感情之中，提醒對方你們之間未來的可能性。

例如，對方跟你說今天他自己做菜時，你可以說：「下次我可以幫你切菜，還有洗碗！我很會洗碗！」讓他想像你們一起在廚房裡做菜的畫面。還有一句話不論男女都很適用：如果對方是男生，就再加一句稱讚「哇！好想吃！」，甚至幫他取綽號，叫他主廚或大廚，跟他玩角色扮演的遊戲；如果對方是女生，則是讓她想像你願意幫忙做家事、一起打理家庭環境，而不是把家務都丟給女性負責。當然啦，以後你可得真的去洗碗。

或是討論到旅遊的時候，你可以說：「你喜歡去日本看棒球嗎？我也很想去體驗看看！一想到我們兩個不會日語的人，在球場跟大家一起唱應援曲的畫面就覺得很好笑，真想試試看呢！」

不管是哪種，都是創造一種想像的畫面與情境給對方，讓他進入你安排好的未來藍圖裡，並且感覺到開心。如此一來，對方會因為一而再，再而三的提醒，而逐漸認為那是會真正發生的事。

想像是一把雙面刃，如果你做事都不帶意識，就很有可能創造出負面想像而不自知。例如很情緒化的人，就容易讓人有「未來要處理他的情緒很麻煩」的聯想；如果常常說些「天啊！未來跟你在一起的人真的很命苦耶！」這種貶低對方的負面暗示，則會造成對方的不安全感，甚至會引發對方覺得配不上你、不要拖累你比較好的想法，這都是在搬石頭砸自己的腳。

好了，「深入對話」就講到這，我要去買鹹酥雞了。

4. 有趣輕鬆的聊天該怎麼聊

「有趣」在關係升溫裡，扮演重要的角色。我曾經在《從左手到牽手》提到：當你能供給對方四種東西時，對你的感情會有加分的效果，分別是「經濟供給」、「資訊供給」、「娛樂供給」、「心靈供給」。而「有趣」就屬於「娛樂供給」的項目。

人們都喜歡有趣的人事物，所以在關係初始，要快速建立好感，「有趣」的對話是最簡單的途徑。

我有許多條件很好、心地也善良的學生，人都好得不得了，但就是在剛開始認識時，有趣不起來，導致他們認識異性的路上充滿挫折。

大家都知道幽默風趣很吸引人，卻不知道如何變得有趣。其實有趣的方法有很多種，每個人適合與擅長的都不同，所以在我的聊天工作坊課堂上介紹了各種有趣的聊天流派和技巧。

為了讓讀者好吸收好操作，這裡介紹兩種最簡單、最容易上手、最不需要靈感的方法。如果你能完全掌握這兩種技巧，其實就足以創造出輕鬆愉快的聊天氛圍。

誇飾法

誇飾法是所有讓對話有趣的方法中，最簡單也最有效果的一種。很多人之所以說話不有趣，原因就出在他們太追求精確、對事實有某種執著（尤其是負面事件型），說話總是過於小心，以致於把對話弄得太拘謹，反而讓聊天的場面變得很尷尬。像是前文提到的「肉圓」例子：

A：「欸你知道台中有間五十年老店肉圓，叫XXX嗎？他們家的醬超好吃耶！我很少看到粉色的醬，好酷喔！」

B：「那間店其實還沒五十年。他們家的醬確實蠻不錯的，但他的醬不是粉色的，是粉加白，不是純粉，這是他們家的獨特秘方，的確非常特別。」

B這樣的對話通常會讓A很難聊下去，因為B實在太認真了！這種認真糾錯的性格，會讓別人說話時感到戰戰兢兢，深怕說錯就會被糾正，當然會降低對方的聊天意願。

所以，在聊天的時候，請記得一個小重點：**聊情緒，不聊事情。**

很多人之所以覺得聊天很難、一下子就沒話題，都是因為他們專注在「聊事情」，而我們每天的生活往往不會有劇烈的變化，自然就會覺得「每天日子都這樣過，沒什麼好聊的」。

為了突破這種「無話可說」的窘境，首先你要把聊天思維從「專注在事情」改成「專注在心情」，事情怎麼樣不重要，心情才重要。

既然我們突破了「聊事情」的框架，也就不需要凡事都實事求事了，此時，誇飾法就派上用場了。

誇飾法的重點只有一個：誇張到沒有人會覺得是真的。例如：「笑死」、「我差點原地往生」、「我要吃土了」……，這些一眼就看得出來實際上絕對不會發生的句型（你應該不會相信有人會真的笑到死去吧？）就是誇飾。

為什麼要強調「絕對沒有人會覺得是真的」呢？因為如果你只是誇張一點點，但又在可能的範圍內，就會變成說謊。例如：「那間拉麵店很好吃，我吃了兩碗」其實你只吃了一碗，但別人會以為你吃兩碗，覺得你超能吃。「我剛看到一個女生，覺得很漂亮，真想搭訕她」這聽起來很合理，而且還會讓人覺得你色慾薰心、有色無膽。

但如果你是說：「那間拉麵超好吃！我差點把廚房裡整鍋麵都吃光」，就能夠很明顯的看出你只是想表達拉麵有多好吃；另一個例子，如果你是說：「我剛看到一個女生長得好漂亮，我差點以為自己已經往生極樂淨土，對方是天女來著」，一聽就知道你只是在說說。

誇飾法是為了形容某種感覺，所以它絕對不會是事實，101 大樓不會像玉山一樣高，你對任何人的愛也不會像海一樣深，這都是為了讓聽眾能接收到某種你想表達的強烈情緒而已，所以得極度的誇大，否則有可能會造成他人的誤會。

我們再來抓幾個誇飾法的重點，並且看例句：

1. 死者為大，人生沒什麼事比死更嚴重的了，所以最基本的誇飾法公式，就是「動詞／形容詞＋死」，例如：哭死、笑死、胖死、噁心死、髒死、臭死、尷尬死、丟臉死。總之，人有各種死法，凡事只要冠上死，基本上就是誇飾法了，但請不要在「死」前面加人名或代稱，否則會引起他人誤會與恐慌，例如：我爸死、小明死。

2. 爆者為烈，二十年來，「爆」一直是個不退流行的誇飾詞彙，所以第二個基本公式，就是「形容詞＋爆」，例如：屌爆了、帥爆、醜爆。「爆」也可代換成「炸」。

3. 超者，誇飾之王者也，基本公式「超＋形容詞」，絕對是誇飾法的入門款，例如：超好笑、超酷、超好玩、超難看、超感人、超想死、超好吃、超美。

基本上，只要記住「死」、「爆」、「超」三字訣，再加上「沒有人相信」的心法，你的誇飾法就至少及格了，而實際用在聊天時，大概會長這樣：

A：「我今天又要加班，好慘」
B：「蛤，你超衰耶」
A：「你覺得我穿這件衣服好看嗎？」
B：「正爆」
A：「我今天錢包掉了」
B：「天啊！換成我會哭死耶！」

誇飾法能讓你用很短的句子回應他人情緒，你不需要講什麼繁複的理由或獨到的見解，只需要簡單的用誇飾法回應，就能讓對話在愉快的氣氛中延續下去。

但除了有趣的聊天以外，我不建議在其它對話裡使用誇飾法（尤其情緒型的同胞請多留意），因為誇飾法本身就會創造出「熱情」、「有渲染力」、「積極表達」、「誇張」的感受，所以如果在談正經事的時候使用誇飾法，除非你有意要在當下讓對話氣氛變得比較輕鬆，否則有可能會激起他人的反感哦！

譬喻法

巧妙的運用誇飾法，可以增添你的渲染力，吸引他人注意，不僅讓你的話語變得有人味、有情緒，也會讓你的有趣程度大幅提升。

除了可以透過誇飾法來強化情緒感染力，也可以運用譬喻法來讓話語變得更加活靈活現。

譬喻法的作用在於，用某個對方已知的東西，來描述某個對方未知的東西，好讓對方更能理解，例如：「這裡是冷凍庫嗎？也太冷了吧！」

現在網路上流行的梗圖，許多都是根據譬喻法的原理去製作的。

如果你擅用譬喻法的邏輯和人對話，要讓自己講話有趣，實在是一件再簡單不過的事，如果能再加上誇飾法，那就更好了。

首先，譬喻法最大的重點是對方要知道你講的是什麼。

所有的梗要好笑，都必須建立在對方對你說的事物有一定程度的熟悉，一旦聽者不知道說者在講什麼，就會一臉茫然、不懂笑點在哪裡，像我常常在看國外脫口秀講到一些時事或名人的梗時，都是一臉懵。

如果你是聽的人，即使聽不懂，你也可以禮貌的笑一笑，但如果你是說的人，那就必須承擔全場可能沒有人笑的風險了。

這點是很多人會犯的錯誤，很多人會想要分享屬於自己圈子裡的笑話，卻沒想過別人可能根本聽不懂，所以在講完之後，不僅沒有達到預期的笑果，反而換來對方的一臉困惑，此時又要再花時間去解釋笑點，反而讓場面更尷尬，不如一開始就不講。

這是在運用所有梗時，最重要的一點。不管你今天辦公室發生的那件事有多好笑，只要它的前因後果太長，就絕對不適合拿來跟不是你同事的人分享；不管你在你有興趣的領域裡，看到多好笑的梗圖或笑話，都千萬不要拿去跟非你族群的人分享，因為人家真的不懂那是什麼意思，你只會換到一句：「看不懂」、「什麼意思」、「求解」，不但沒有達到讓對話變有趣的效果，還會讓對方產生「我們笑點好像差很多」的印象，這些對於拉近關係來說，都不怎麼有利。

但你可能會想：「我怎麼知道對方知道什麼，不知道什麼？」對，我們的確無法得知對方的資料庫裡有什麼，但以下幾點，會是相對保險的聊天選項：

一，共同興趣或關注對象

如果你們的興趣都是看動漫，那麼只要你不要挑些太冷門的作品，一般比較知名的大作，通常都會知道的；或是如果你們都喜歡某個偶像團體，或都有在看某些節目（或追某些劇），那麼這些內容也可以用來作為譬喻的素材。

例1：

A：「你幹嘛一直自己喝？」

B：「喝多一點看你會比較美」

A：「真的嗎？」

B：「對，喝酒有Photo shop的效果，不然你現在看起來像點陣圖。」

例2：

A：「你要什麼糖冰？」

B：「全糖少冰」

A：「喝這麼甜！你台南人喔？」

二，時事

大型時事絕對是一個好素材，不管是幾年前的「發大財」，還是近期的柬埔寨，都是眾所周知的大型時事，很難會有人不知道，再加上配合話題熱度，自然就形成了一個絕佳的談資。

例：

A：「你怎麼瘦這麼多？剛從柬埔寨回來喔？」

三，生活經驗

「生活經驗」不僅在日常生活中唾手可得，同時也是限制最少、最容易讓人產生共鳴的素材。比起使用前還要推敲對方懂不懂的小圈子裡才知道的梗，或是某些領域的專業術語，「生活經驗」的取得難易度最低，泛用性也是最高的。

例1：

A：「我比較好奇亞瑟今天戴幾條項鍊」

B：「一百條」

A：「那是要出巡吧」

例2：

A：「抱歉，你等很久嗎？」

B：「差點成為望夫崖」

譬喻的訣竅很簡單，只要從五感中找出相似的東西即可。而五感之中，又以視覺最為容易，像上面的例子當中，點陣圖、望夫崖、出巡、柬埔寨等，都與視覺有關，而台南人則與味覺有關。

所以你可以先從當前的情景或對話中，找出你最直覺想到的五感，再從那個感覺中去搜尋你曾經遇過相似的人事物。例如你看到一個人披頭散髮（視覺），你感到很驚嚇（情緒類型），於是你開始往這個方向搜尋人生過去相關的經驗，於是你得出了一個結論：「這人剛洗完澡的時候好像貞子！」OK！你完成一個譬喻法了！

現在請你照著以下的SOP，練習三次：

1. 先鎖定五感（眼、耳、鼻、舌、身）。
2. 區分你本人的感覺（例如好壞、美醜、香臭、冷熱、甜鹹）。
3. 搜尋人生曾經經驗過的類似人事物。
4. 把當前的狀況與搜尋結果相結合。

只要經常練習這樣的聯想SOP，久而久之，譬喻法就會變成你說話的本能。

其實要創造有趣的對話不是一件很困難的事，但多數人要不是沒花心力思考如何說話，就是沒搞清楚狀況，不知道什麼人、什麼關係、什麼場合適合說什麼，導致場面變得尷尬。例如有些人在網路上看了一些撩妹金句，就高興的對剛認識的女生說：「妳知道我跟唐僧的區別嗎？唐僧取經，我娶妳。」以為對方會笑得花枝亂顫，沒想到卻換來已讀不回。

所謂的說話有趣，並不代表一定要很油（當然也是有人吃這套），只要在說話的時候多動點腦筋、多下點功夫，甚至多上社群或論壇看看別人的留言，都可以得到不少有趣的參考。

以上兩個方法，是最容易入門、最好使用的有趣聊天速成法，只要多多練習，就能在聊天之中，為雙方帶來更多歡樂的氣氛。

5. 讓對方開心吧！創造戀愛張力的聊天術

讓對方心中萌生對象意識

若你們的對話已經很有意義也很有趣，但只要對方不認為你們之間有發展感情關係的可能，就只會變成好閨蜜、好哥兒們、一輩子的朋友。所以必須有意識的在對話之中加入一些元素，「提醒」對方你們之間的可能性。

除非你們是在聯誼、相親的場合或交友軟體上認識，否則都要再度強化這種「對象意識」，彼此才有可能進一步發展，而不是花了大把時間，最後對方只把你當成朋友。

要讓對方意識到你有把他當作對象、不排斥和他發展一段關係，方式其實很簡單，只要在對話中，聊些跟他有關的戀愛話題就行了。例如：「你交過幾個女朋友啊？」「你喜歡什麼類型的女生啊？」或是單獨出去的時候，突然靠近他（記得出門前要洗頭跟用漱口水），小聲跟他說：「欸，你覺得隔壁桌那兩個人是情侶嗎」；逛耶誕城的時候說：「哇！好多情侶喔！」如果對方說：「要回去嗎？」或是「覺得很閃嗎？」妳就說：「不會啊」，然後勾他的手，說：「你借我裝一下就好啦！」

男人是很單純的，很容易會幻想別人喜歡自己。當妳說：「你喜歡什麼類型的女生啊？」他就有可能會想：「嗯嗯？為什麼要問這個問題？難道她喜歡我嗎？呵呵。」而當妳問他：「你覺得隔壁那兩個人是情侶嗎？」他在回答完以後，就會開始想：「嗯嗯？情侶？約會？嗯？我們這樣算約會嗎？」如果妳用了耶誕城這招，一個願意跟妳單獨去耶誕城的男生，大概會瞬間融化。

上述這段，請男性讀者全數跳過，不要使用。因為多數女生對於異性的好感是敏銳的，基本上不太需要你提醒。你如果問對方：「妳喜歡什麼樣的男生啊？」「妳交過幾個男朋友啊？」「妳應該很多人追吧？」只會顯得你很魯。更別提你如果使用耶誕城這招，如果對方還沒有喜歡你，基本不會融化，只會石化。

女性對於別人是否喜歡自己是敏銳的，這份敏銳通常有其社交經驗的根據，所以如果一名女性對你還沒產生好感，反而不要讓她感覺你很想追她，而是要抱持著一種「我覺得妳很棒！很喜歡跟妳相處哦！」的態度，堆疊你的人設，並且創造好的想像空間給對方，**讓她先對你有好感再說**。

而男人對於別人是否喜歡自己，則往往是「幻想」居多，這個幻想多半沒有什麼根據，純粹是由一種「嗯嗯，我應該不錯吧！」的想法作為基礎。而這種沒什麼科學根據的想法會帶動「我應該有機會吧！」的積極性，讓男人比女人更敢勇往直前。

”

我感興趣的不是你說的話

還有一個非常強力的絕技，不管對方是否已經意識到你們兩個是有發展出感情關係的可能性，還是已經開始在約會，都可以使用。

當對方正興高采烈的說著某些話時，就一直盯著他，表現出感興趣的眼神，但同時口語上用敷衍的方式回應他的話。例如他說：「我上次去聽某個樂團，覺得很棒耶！」「是喔！」「對啊！我覺得是台灣現代少有的風格，很特別！」「這樣啊～」然後一直帶著感興趣的眼神及笑容盯著他，到最後他一定會越來越講不下去。

這時候對方多半會有點尷尬的提出：「呃，你覺得我說的很無聊嗎？」或是「呃，是不是我的話題你很沒興趣？」諸如此類想了解目前情況的問題，此刻請你回答：**「不會啊，我覺得你很可愛。」**讓他意識到，你是對他本人感興趣，他說什麼根本無所謂。

到了這一步，如果對方還沒有感覺，那我看你也就放棄了吧，這不是你招式用錯就是對方真的不喜歡你。

綠燈訊號——讚美

這些年草食生物變得越來越多，現在的時代又不像古早時期需要依靠兩個人通力合作，才能生存下去，在「自己一個人其實過得很好」的情境下，人們失去了談戀愛的必要性，一旦覺得太麻煩或太困難，就很容易放棄。

所以我們不僅要釋放利多（創造想像），還要讓對方產生「好像很簡單」的感覺，此時，就需要給予對方「綠燈訊號」。

給予對方「綠燈訊號」指的就是給出一個明確的訊息，讓對方知道可以前進。反之，要對方停止，就是「紅燈訊號」。

那要怎麼做，對方才會知道可以前進呢？只要表達好感、稱讚對方即可。如果對方是男生，就說他帥吧！我從來沒看過有男生說：「我最討厭別人說我帥。」

但這個帥不見得是指長相，有可能是他的表現、行為很帥氣，例如打籃球的時候，行雲流水的動作總會讓人覺得很帥，或是對方在他的專業領域發光發熱的時候，也可以說對方很帥。

如果是女生的話，可以稱讚漂亮，但如果她本身是個美女，就稱讚她的髮型或穿著很好看，不要說長相。

除了外表的讚美外，也可以用其它形容詞來**稱讚對方的行為**，例如：覺得他的眼鏡很好看，記得可別只稱讚眼鏡本體，而是要稱讚他挑東西的品味；他的簡報做得很好，美觀又兼具實用性，就稱讚他有才華；他每天都去運動，即使沒有瘦下來，也可以稱讚他很有毅力；她很照顧朋友、很願意陪伴朋友，可以說她很溫柔、很有義氣；她在工作領域上表現傑出，可以說她專業又聰明；她努力精進自己的能力，可以說她是個很認真朝著自己目標前進的人。

讚美最好誇張點

讚美對方時，最好要稍微誇大，不要只是說：「很好看。」這麼冷靜的讚美會讓對方只能也以十分平靜的態度回答：「謝謝。」

誇張點！表達出你的感受，不要硬ㄍㄧㄥ！妳可以說：「欸～你的包包很好看耶！你好有品味喔！這麼有品味的男生很少見耶」；或是「嗯？妳換髮型嗎？這個髮型蠻可愛的耶，很適合妳！」

但記得，我說的是：誇張「點」，不是「很誇張」。如果你太過浮誇，就會變成大媽或閨蜜。試想一下，一個會跟你說「欸你這包！厚！不得了捏！hen好看耶！配上你這身黑，你看看！多搭啊！簡直可以去走秀當模特捏！很有品味哦帥哥！」的女生，或是跟妳說「oh my god！妳這髮型！這不是現在最流行的耳圈染嗎！妳太懂了吧！很適合妳耶」的男生，你／妳有多高的機率會產生心動感呢？

誇張，但簡單，就是最有力的讚美。讚美最怕就是複雜，簡潔有力對方才好回答。

這裡的誇張，跟誇飾法不同。誇飾法的重點在於創造趣味性跟不真實性，所以要用到很強烈的字眼。但我們稱讚的目的不是要讓人家不相信，所以這裡如果你說：「哇，你超爆有品味的」或是「哇，妳真是正死了」反而可能像是在反諷對方，所以我們不能直接拿誇飾法的字詞來用。

在讚美的領域裡，我認為最適當的兩個字，分別是「**最**」跟「**好**」。「最」非常適合用在有點誇張的稱讚裡，例如：「你最帥了」、「你對我最好了」、「你最貼心了」、「今天跟你出去，是我這個禮拜以來最快樂的一天！」、「最喜歡看你穿白襯衫了」、「你最聰明了」、「你最棒了！」這種表象型的稱讚，就非常適合用「最」。

因為「最」這個字是比較詞，所以對男人極度有用，這會讓男人產生一種「哇哈哈我比別人棒」的優越感。但對女生，我會比較傾向用「好」，例如：「這件衣服好適合妳」、「妳好細心」、「今天看起來好漂亮」，比起「最」，「好」感覺起來相對真誠，所以對於容易看見自己缺點的女生來說，會是個更容易接受的詞。

如果你真的想對女生用「最」，就一定要加上**條件敘述**，最好用的句型就是「妳是我看過最……的……」，例如：「妳是我看過最有禮貌的女生」、「妳是我看過最善良的人」、「妳是我看過最用心的老師」、「妳是我看過最獨立的女性」、「妳是我看過最沒架子的明星」、「妳是我看過照片跟本人長最像的網友」、「妳是我看過最漂亮的運動員」、「妳是我看過最好笑的正妹」。

這種限定句型會建立一種合理及真實性，畢竟你不是說：「妳是這世界上最有禮貌的女生」、「妳是這世界上最善良的人」、「妳是這世界上最用心的老師」，這太浮誇了，又不是《白雪公主》裡的魔鏡。但如果加上「妳是我認識」、「妳是我見過」、「妳是我遇到」，合理性就大幅提升，對方的接受度也會大大增加。

男女通用詞──可愛

「可愛」應該是全宇宙最萬用的詞彙了，「你阿嬤好可愛」、「你女兒好可愛」、

「你家狗狗好可愛」、「這件衣服好可愛」、「這包包好可愛」、「這個吊飾好可愛」、「這個小遊戲好可愛」……，所有的東西都可以用上這個字，真是太百搭了！

既然連阿嬤跟包包都可以用，男人女人當然也可以用！同樣的，不要用在稱讚對方的長相上，而是描述對方的行為、態度跟反應上。

「可愛」這個字給人的感覺，是「單純」、「孩子氣」，**當你說對方可愛的時候，其實就是在向對方說：「你可以撒嬌哦！」**不管對方是男是女，都會覺得跟你相處時，能夠跟加輕鬆的做自己，是個很適合強化安全感的稱讚方式。

同時，如果你看著對方的行徑，覺得很像某種東西的時候，加上「可愛」兩個字，也比較不會讓人誤會。例如：「你好像小孩喔！好可愛！」，如果只說：「你好像小孩喔！」有可能會讓對方產生困惑，不知道小孩在你眼裡是什麼概念，是很煩嗎？很幼稚嗎？很不可靠嗎？可是一旦加上「可愛」兩個字，對方就能夠清楚知道你指的是哪個部分，也就可以省去不必要的誤會與解釋。

降低稱讚人的門檻

我有個朋友對於食物的標準非常高，不論跟他去吃什麼樣的美食，他總是說：「還可以。」

有一次我們在旅行的途中，吃到一間驚為天人的餐廳，他又說了：「還可以。」這次我們再也受不了，覺得一直喊著「好吃！好吃！」的自己像傻瓜一樣，就問他：「那你覺得怎樣才叫好吃？」他說：「我覺得95分以上是好吃，70～94是還好，70以下是難吃。這間92，雖然很棒，但還差一點點。」

於是我們又問他：「那你這輩子有吃過好吃的東西嗎？」他愣了一下，說：「沒有。」

「那你的人生不是很不快樂嗎？為什麼不把標準調低一點呢？這樣你才可以常常覺得自己吃到好吃的東西很快樂啊？」

他聽完這句話後，想了一個晚上，隔天跟我們說：「我覺得你們說得對，我決定把我的標準調低到85分，這樣我就可以常常吃到好吃的東西了。」那次的旅行從那天之後，我們就不時聽到他驚呼什麼東西很好吃、下次還要再來，大家吃起東西來也都變得更開心了。

很多人都把一些毫無意義的門檻設得很高，卻忽略了自己根本也不是什麼評論家或面試官，設定過高的標準，只會讓自己每天都過得很遺憾又不滿足，認為生命裡能夠達到標準、能讓自己感到快樂的事情很少，還會塑造讓別人覺得你很難相處的印象，這又是何必呢？

對於專業，我們當然要堅持標準，但對於主觀的、和他人有關的事，尤其是讚美跟感恩，我覺得標準越低越好。

很多人會把別人對自己的好意視為理所當然，覺得「這不是應該的嗎？」便不去感恩對方，例如：女生覺得男生幫忙倒水是應該的、男生覺得女生做家事是應該的、女生覺得男生節日送禮物是應該的、男生覺得女生帶小孩是應該的……。長久下來如果養成習慣，就會導致自己人緣不好，即使進入關係，也會爭吵不斷、難以維持，畢竟沒人喜歡自己的付出被視為理所當然。

反之，如果你能一直看見他人的優點、想到別人行為背後的心意，不要這麼挑剔，而是多讚美、多感謝他人，那麼大家都會很喜歡跟你相處。

如果你的標準一直很高，就會更容易累積負能量，變成前面提到的ＮＧ人設，因為每天活在都不滿足的痛苦裡，怎麼可能不抱怨呢？這種對世界、對異性、對自己所處的環境、對自己人生的不滿，會慢慢堆積成一種哀怨、憤世嫉俗的氣場，讓人更加不想靠近，形成糟糕的負面循環。

第四章

不同情境的話題策略：交友軟體、聯誼相親、公司學校、聚會活動

LOVE

HAPPY！

1. 找話題——拉升對象對你的興趣值

對於多數不擅長聊天的人來說，「要開什麼話題才好」絕對是他們花最多時間思考及準備的問題。在開始教大家創造話題的公式以前，我們先花點時間，來破除對話題的迷思。

話題開得好，聊天沒煩惱？

很多人都以為，只要自己開了個絕妙的話題，後續鐵定能與對方如濤濤江水般聊到綿綿無絕期。

錯了！這裡先糾正一個觀點：話題並不是聊不聊得起來的關鍵，它只是一個起點。

一個有趣的、切身的、對方關注的話題，確實會引起他人比較高的興趣，但不代表你們後續就能暢聊無阻，也不代表對方就會因此愛上你。

聊天興趣度＝對話題的興趣＋對你的興趣

人之所以會想跟另一個人聊天的原因（暫且撇除掉利益因素），主要有兩個：一、對話題感興趣；二、對對方感興趣。只要這兩者相加後的數值越高，就會越積極的和對方聊天。

舉例來說，假設A暗戀B，A對B本人的興趣值有90分，即使此時B聊了一個環保少女批評時事的話題，A甚至連環保少女是誰都不知道（A對此話題的興趣值恐怕是−20分），但因為A對B的興趣值（90）＋A對環保少女的興趣值（−20）＝70，所以A還是會興高采烈跟B聊環保少女，因為愛情就是如此的盲目。

換個角度來說，假設A已經不喜歡B了，A對B本人的興趣值只剩下10分，此時，B再去聊環保少女的話題，得出的數值就會是10＋（−20）＝−10，B高機率會得到已讀不回或「哈哈是喔」的回應。

那麼如果A被B推坑環保少女成功，變成了環保少女的狂粉，即使A已經不再喜歡B，對B的興趣值甚至已經下降到−10，但因為B提起了環保少女（狂粉對此的興趣值高達80分），得出的數值就會是−10＋80＝70，B將再度得到A快速的回覆，只不過這次的原因是環保少女，因為狂粉就是如此的盲目。

所以在剛認識一個新朋友或新對象時，找到有趣的話題確實是重要的，因為當下對方對你的興趣值通常還不會太高（如果你很美或很帥，就另當別論），得靠話題強度來補強，並藉由聊有趣的話題的過程中，強化對方對你的好感度及興趣值。等到關係變好變熟之後，開什麼樣的話題就不再重要了。

基本話題策略

什麼樣的話題，才是人家會想聊下去的呢？首先，我們必須先區分情境，不同的情境適用不同強度的話題。

下表是我依照不同的認識管道及接觸次數所設計的情境／策略表格。每個認識管道都有它的獨特性，如果忽視了其中的差別，就難以達到最佳的效果。接下來，我們來看看在各種交友管道情境下該如何丟話題給對方。

	第一次接觸	交換到聯絡方式後的二次接觸	第三次接觸起
交友軟體	情境： 剛配對成功 話題策略： 高強度吸睛型主題	情境： 已經聊過一次 話題策略： 複習今日重點＋建立下次約會	情境： 聊過兩次 話題策略： 從上次對話中蒐集話題
聯誼 相親	情境： 初次見面 話題策略： 展現親和反差，勿身家調查	情境： 第一次訊息 話題策略： 複習今日重點＋建立下次約會	情境： 第二次訊息 話題策略： 照片或食衣住行育樂
同學 同事	情境： 一對一接觸 話題策略： 建立私交	情境： 第一次私聊 話題策略： 正向的共同話題	情境： 第二次私聊 話題策略： 照片或食衣住行育樂
朋友的朋友 社團 活動 課程	情境： 初次接觸 話題策略： 圍繞當下現況	情境： 初次接觸 話題策略： 圍繞當下現況	情境： 第二次訊息 話題策略： 公事／共同話題

2. 打造吸睛話題，從交友軟體中脫穎而出

交友軟體因為門檻非常低，幾乎不需要付出成本，只要上去註冊一個帳號，放兩張照片，填點基本資料和簡介，甚至不用太完整，就可以開始使用。在這麼一個不需要花費力氣的機制下，認識的人的量自然會大，但質也理所當然的無法被過濾。

所以在剛配對成功時，第一次開的話題是最重要的，它將直接決定這一單後續的存亡，尤其對男生而言更是如此。

如果你有看過男生和女生的交友軟體聊天內容，就會明白競爭有多麼激烈。

一個普通的女生就算不是很擅長經營交友軟體，一天得到十到二十個配對都不是

什麼難事，更不用說外型出色亮眼的女生了。曾經有個學生跟我說：「我覺得我的交友軟體壞了。我下載三個小時了，都沒有配對。」我笑說：「笑死，妳也太自戀。」兩天後，她說：「真的壞了。我重新下載後一天有兩百個配對。」

看到了嗎？一天兩百個配對！男生呢？一個搭配時尚風格照片，自介內容簡潔有力但又不失幽默的男生，如果長得不是特別帥，一天有五個配對就不錯了，更別說那些沒仔細選過照片、寫出幽默風趣的自介，五天有沒有一個配對都是問題！

各位男性同胞們，當你只是二百分之一的「你好」、「哈囉」、「安安」、「可以認識妳嗎？」你覺得誰會理你？憑什麼你可以脫穎而出？打開你的LINE，想像一下有兩百個人同時跟你說「哈囉」，請問你會回誰？

還記得我十六歲那年，有一次去朋友家玩，半夜兩個人閒來無事打開聊天室（那是個還有豆豆聊天室的年代），選了女生的身份，把暱稱取為「愛在哪裡」。一進聊天室，馬上有二十個人私訊我說：「在這」。從那一刻起，我就知道在網路交友的世界裡，所有人想的事情都跟你一樣，你並沒有多特別，所以你必須反著做，你得做些跟別人完全不一樣的事，才有可能脫穎而出。

所以在第一次配對成功的時候，不管你是男是女（通常還是男生開啟話題居多），你必須要選擇一個具有強烈吸睛力的話題，否則你就得本人長得很吸睛。

什麼叫作「強烈吸睛」呢？就是在一整排對話框中，一眼就會被看到。

以前曾流行一種亂碼開話題，打一串「#%&$%(&*#~^%^$」意義不明的亂碼當作開頭，引起對方的好奇心。但作為開頭而言，它本身的延展性並不好，對方回了你「？」之後，你仍舊得再想一個開頭，所以我並不特別推薦這招。

我自己比較喜歡的強烈吸睛話題，是發起情緒強烈的怪問題。例如，「你是流川楓派還是三井壽派？」「你覺得香菜應該存在在這個世界上嗎？」「你覺得停賣奶昔，是不是麥當勞經營史上最大的錯誤？」「你覺得是不是吃飽比較有力氣減肥？」「如果等下就要世界末日了，你想吃火鍋還是雞排？」

上述這些都屬於簡單、好玩、可發表個人意見、不涉及價值批判的原則，但它又與一般人會提出的話題不同，容易吸引人們的注意力。（如果哪天你在交友軟體上，看到有人丟出上面幾個話題，你可以問他是不是有看我的書，也不失為一個話題。）

這種強烈吸睛的話題，雖然不見得百發百中，但至少可以大幅提高對方的回應率。同時，因為話題本身就討論到雙方的喜好，後續要再接著聊下去也會相對容易。

交友軟體：第二次接觸

我個人認為，一段關係是否有機會開始，在前三次的接觸就已經定案百分之八十了，尤其是在交友軟體這個競爭激烈的環境下，這種現象更為明顯。這也是為什麼我只特別列出前三次接觸的話題策略的原因。只要這三次接觸打底良好，對方對你的興趣值就會提高，後續就不用這麼費盡心思的想話題了。

在第二次交友軟體上的接觸，我會選擇丟照片開話題。這個照片可能是我吃的東西、同事的狗、辦公室訂的下午茶、大排長龍的蔥油餅……，總之，是一個我見我聞的照片，而不是網路梗圖。

照片通常會比較容易調動人們的感覺，比起說：「我中午吃了一個臉色蒼白的蘿蔔糕」，不如先拍張照丟給對方，再加上這句評語，會讓對方更能夠感同身受。

同樣的，選擇拍些自己親眼看到的貓貓狗狗的照片，也會比從網路上、IG上抓下來的照片好，因為它與你本人更有切身的相關性，也比較容易創造後續的對話。假設你從IG抓了一張網紅貓的圖給對方，對方不是說：「哈哈，我也有關注牠，牠超可愛」，就是說：「哇！好可愛哦！你養的嗎？」這時候你要回什麼？「沒啦！這是我IG追蹤的貓，分享給你。」你分享一隻與你無關的貓給人家幹嘛呢？你是ChatGPT嗎？

聊天的目的是增進彼此的關係，那你當然要聊跟你或跟他有關的事，怎麼會去聊一個與你們兩個都無關的網紅或網紅貓呢？對於一個喜歡貓貓狗狗的人來說，只要是貓貓狗狗都很可愛，你根本不用特別去找隻賣相好的來分享，你該找的是自己身邊的、親眼見到的，因為當對方問起：「哇！好可愛的貓喔！是你的嗎？」你才能回答：「我朋友的／我同事的／我在路上看到的，我今天剛好去XX就看到牠，覺得牠好Q！」那後續的話題不就出來了嗎？

會一直需要花時間想話題，就是因為沒有把聊天的內容跟自己和對方連結，才會造成話題不斷中斷。只要能夠不停的丟出可以串連的資訊，話題自然而然可以接續下去。而要做到這件事，其實只要分享的照片、感受、想法、心情，都是你自己真實的所見所聞、所思所想，別人自然就能夠與真實的你產生連結，對你有更多的了解，而你們也能夠建立更真實的關係。

交友軟體：第三次接觸

到了第三次聊天，如果資訊充足的話，我會選擇從上次聊天的內容裡，找出對方提過的、有興趣的東西，把它當成話題來使用。這個作法有幾個好處：一，確保是對方有一定興趣值的話題；二，對方會覺得你對他感興趣的東西感興趣，加深對你的好感；三，對方會認為你重視他。

我遇過一個女生，跟她第二次聊天時，她提到自己很喜歡某個動畫，於是我便花了點時間去看了第一集，然後丟她說：「欸我看了第一集，妳喜歡的是ＸＸ角色嗎？」對方便開始興高采烈的跟我聊了起來。即使我也不諱言的跟她說這部動畫不是我的菜，我們還是聊得很愉快，話題後來延伸到其它我們都喜歡的漫畫上，雙方都聊得很盡興，也更了解彼此的喜好。

所以在第三次接觸的對話，我會建議從之前對方說過喜歡的事情切入，最主要是要快速增加對方的好感度。如果感覺上可以的話，我就會在這次的對話裡跟對方交換LINE，不在交友軟體上虛耗時間。

交友軟體三大時間段

之所以會想要盡快換到LINE上聊，主要是因為當雙方的對話停在交友軟體上，會自然而然的有一種「其實我們並不熟」的感覺。畢竟交友軟體是個隨時可以刪掉的東西，而人們使用它也就只是為了增加一個認識對象的管道，與實際生活的關聯性非常低。所以關係只要一直停留在交友軟體上，就會產生一種「我們不熟」、「這人不怎麼重要」的錯覺。

在交友軟體上認識人，有三個最重要的時間點要注意，分別是：配對成功、換到一般通訊軟體、第一次約出去。

從交友軟體切換到一般通訊軟體，我認為時間要抓在三到七天之內。並不是說超過這個時間會有什麼問題，而是沒有必要再拖更久。談戀愛就是兵貴神速，時間拖得越長，變數就越大，成功率就越小，所以每次在聊天的時候，都要採取有效策略，縮短所需時間。

剛從交友軟體換到LINE上時，多半會有一種奇怪的尷尬感，就像初次見面一樣尷尬，因為這是雙方第一次看到對方平時使用的名稱、照片、主頁，就像第一次見到真人一樣。所以這個時間點非常重要，有些人就是沒處理好這種尷尬，換到LINE上以後，對話反而變得生疏、聊不起來。

在第一次換到LINE上之後，可以馬上開個簡單的玩笑，讓話題變輕鬆，例如：

「為何你LINE大頭貼比交友軟體還漂亮？你到底有沒有心在認真交友啊！」或是「你的頭貼是你家狗狗嗎？」總之，千萬不能卡頓，要創造出一種「我們相處很輕鬆」、「我們自然而然就有很多話題」的感覺出來，對方就會跟著進入這種氛圍，後續聊起天來就會變得非常容易。

第三個重要的時間點，就是見面。只要第一次見面的時候輕鬆不尷尬，那麼這一單至少已經成功一半了。如果三次見面狀況都很不錯（在沒上床的情況下），基本上已經有八成的成功率，後續只要維持下去，不要拖太久，就有很高的機率能夠進入交往關係。

3.
聯誼最佳策略：就是要跟別人不一樣！

聯誼跟相親是另一種目標非常明確的交友管道，我身邊有不少朋友及學生都是透過這個方式找到人生的伴侶。所以對於想要結婚的人來說，不妨試試聯誼／相親這條非常有效率的途徑。

聯誼或相親的初次見面，我設定為聯誼或排約現場，也就是一個面對面的場合。以下分為團體（speed dating）及個人排約來做說明：

團體聯誼

首先，如果你是在大型的團體聯誼場合認識對方，那麼最佳策略就是跟其他人反著做。

這跟交友軟體是一樣的概念：只要人多、競爭者多，就必須設法做出差異化，就像要追帥哥美女的時候，你得讓自己和其他追求者看起來完全不同，這是一樣的道理。

通常大型的 speed dating 一場下來，會配對到二十到三十組人不等，所以你可以考慮要不要犧牲掉前面幾組人的時間，觀察「你身邊的同性」都在跟別人聊什麼。記得，是你身邊的同性，不是坐在你對面的人，同性才是你的競爭者，觀察他們你才能知道他們都在說什麼、做什麼，才能做出差異化。

雖然聯誼制式的話題，不外乎職業、星座、興趣、年齡、學歷……，但因為每場聯誼的主題不同，主辦方有時也會準備各種活動讓參與者能夠更好的互動，所以多多觀察會讓你能夠更貼近的找出該場次的最佳話題切入點。

但不管當天的活動主題是什麼，最最最基本的差異化，其實就是：不要做身家調查。

去參加聯誼，你一定要有個概念：現場八成的人都是炮灰。在每一場聯誼裡，前五名的人會大豐收，得到八成異性的好感，有一成的人可能有幸遇到適合的對象或是真愛，但八成的人則是來幫前五名墊背的。

所以，你得想辦法讓自己成為得利的那兩成，而不是付了錢還得當人家的陪襯。要成為得利的兩成也非常簡單，瘋狂的做那八成的人不做的事，你就贏了。例如別人都一直在問對方工作，你就打死不問工作；別人都在說：「哎呀你雙子座喔？人家都說雙子座的人最花心了，哈哈，你該不會也是吧？」你就千萬別說這種鬼話，還不如問對方聊這麼久會不會累？剛才跟其他人聊到最有趣的話題是什麼？如果聊得不錯，甚至可以在時間快到前，問對方等下活動結束有沒有什麼安排？要不要一起去喝杯飲料？

記得，任何人多的場合，你不需要有多出色，只要「相對出色」就可以了。你只要贏過前一個人，對方就會無條件的幫你加分，所以你贏過現場越多人，對方就越會產生一種「你很棒」的錯覺，即使你非常的普通，都可以利用這種環境上的優勢幫自己創造加分的機會。所以越是活潑外向、開朗健談的人，越適合去參加聯誼，與其浪費時間滑交友軟體，不如活用自己的天生優勢，節省時間、增加成功機率。

一對一排約

如果是一對一的相親排約，因為有比較完整的時間，所以在策略上主要走一個放鬆閒聊、彼此了解的路線，首要的重點就是搞清楚雙方的現況跟訴求，並且確認彼此是否符合對方條件。

因為會參加婚友社相親的人，基本上對於結婚的想法都是很明確的，所以只要條件大致符合、相處起來還行，那麼很容易就能進到下一步。既然目標如此明確，就不要花太多時間迂迴的試探，清楚明白的搞懂彼此理想中的關係、想找什麼樣的伴侶，而自身又處於什麼樣的現況，才是最有幫助的。

當然，在了解的過程中，務必保持親切友善的態度，小訣竅為：**多問對方的想法跟動機。**

舉例來說，「閒暇時間有什麼休閒愛好」是個很普遍的話題，當對方回答之後，你可以再問得更詳細一點，例如：「你喜歡看棒球啊？是看中職嗎？還是大聯盟呢？」「你會去現場看球嗎？還是都在家看轉播？」「你為什麼這麼喜歡棒球啊？」「你有特別喜歡的球隊嗎？」

當你對別人的事表現出高度的興趣，只要不是在挖人瘡疤或探人隱私，對方多半都會很高興，因為每個人最在乎的對象就是自己，在感情關係中，沒有什麼比「別人也很在乎我」來得更令人開心了。

雖然問得細一點是好事，但仍然要根據不同的項目決定問法。如果對方的工作是公務員，你就不用問他為什麼想做這份工作，畢竟抱著崇高理想或特殊理由成為公務員的人是相對少數，所以比起「做這份工作的動機」，不如問問對方：「你最喜歡這份工作的哪裡？」「這份工作讓你最有成就感的地方是什麼呢？」多問點讓人感到開心的、舒服的、正向的話題，會讓對話更容易進行下去，也會讓對方留下「和你相處很愉快」的印象。

我個人認為，相親排約沒有太特殊的技巧，只要遵循三個重點：一，確認雙方條件；二，保持輕鬆對話；三，保持良好禮儀。其它就是條件跟緣份的問題了。

第一次訊息

不管是聯誼還是相親，因為初識都是已經見到面的場合，所以我會把第二次聊天的情境鎖定在「當天晚上的第一次訊息」。當然，前提是你要記得跟人家要LINE。

晚上回到家後，大約抓在八至十點之間（如果你們見面時是晚上的話，就抓在分開後一個小時左右），你可以主動發第一次訊息給對方。

這次的訊息重點，在於「表達開心＋複習好的地方＋模糊邀約」，以下為參考範本：

今天認識你很開心～很特別耶！跟你相處起來很自在，像認識很久一樣。而且今天咖啡廳的咖啡好好喝，你發現的那隻黑貓也好可愛～謝謝你陪我渡過這麼開心的一天！有機會再一起去看灌籃高手吧！

一般情況而言，我絕對不會建議一次傳這麼長的訊息，但因為是第一次在訊息上聯絡，而且情況類似於剛約會完，這樣的安排很合理，不僅 highlight 了今天特別愉快有趣的事，幫對方回憶起開心的感受，等同於開了一個話題，讓對方後續更好回應，同時也非常客氣有禮，如果你有成功要到對方的聯絡方式，基本上以這樣的訊息作為第一次接觸，別人對你的印象絕對會加分。

但請記得幾個小訣竅：一，重點複習不要太多，最多三個即可，超過會變成流水帳。即使整天都很開心，也只要挑三個你最喜歡的出來就可以了；二，描述時請簡單扼要，不要過多複雜的說明和解釋，盡量用些「很好看」、「好可愛」、「好好吃」、「超好喝」等非常簡單能夠表達感受的詞彙；三，女生可以用多一點「～」，男生則要用少一點，但也要小心不要使用過多「！」，會讓人很煩躁。

以下列舉幾個錯誤示範，讓大家更好理解：

男：「今天很開心認識妳～妳比我想像中的還要漂亮耶～可以認識正妹真開心，哈哈！今天的咖啡很不錯，喝起來非常絲滑順口，香氣十足，還帶了一點淡淡的果香，讓人回味無窮。妳跟我聊健身的時候也很棒，感覺得出來妳對健身的熱愛，和妳聊完，我彷彿也被感染了對健身的熱情，晚上差點都要去跑個 3000 了呢～還有還有，妳給我看的貓～活潑靈動，真的非常可愛～如果可以的話，我也真想養一隻呢～來點餐的店員也為今天的約會增色不少～他的回話方式也很機靈逗趣，只做店員真是太可惜他的天份了呢～哎呀，不知不覺就說了這麼多，還有好多細節沒講，就讓我們留到今晚的夢裡細細品嘗吧～謝謝妳帶給我如此特別的一天，如果有機會的話，下次再一起去探索各種特色小店吧～」

上面這則訊息叫作「遊記」或「心得分享」，絕對不適合傳給約會對象，我把同樣的內容作個改良，讓大家看看其中的差異：

男：「哈囉！很開心認識妳，也謝謝今天的咖啡，雖然我不太懂咖啡，但星巴克真的沒得比！還有今天的店員也很經典，我恐怕會為了他再去光顧，到底為什麼有人可以這麼喜感呢，哈哈哈！謝謝妳今天跟我分享這麼多運動的知識，有機會的話一起去跑吧！」

男性在聊天的時候，一定要特別注意：就算你是健談型的人設，都要盡量讓自己保持**簡單明快**的節奏，才不會一個不小心變成大媽型。

第一次訊息發出後，除非你們當天的聯誼／相親狀況奇糟無比，否則多半可以小聊一下，狀況如果還行，至少有五成的機率，當天就可以敲定下一次的約會時間。所以如果你是在這個管道認識對象的話，請盡可能的把握時間跟機會，不要拖拖拉拉哦！

第二次訊息

這個第二次訊息其實很可能就是隔天或隔兩天而已。但到了這裡，很多人就會開始陷入話題焦慮，煩惱不知道該跟對方說什麼好，甚至直接以「早安」「午安」「晚安」以及各種問候作為開頭，進入一種客氣禮貌但不知道要聊什麼的交友模式。

其實呢，最簡單的開話題方式，真的就是丟圖片，丟一張**對方有興趣的**圖片。

在前一天，你們應該多少有聊到一些雙方感興趣的事，那麼你就丟與此有關的圖片就行了。對方喜歡喝咖啡，那你就丟張小咖啡廳招牌的圖、對方喜歡吃東西，就拍你的早餐給他、對方喜歡算命，就丟星座運勢預測網址給他……，不管對方喜歡什麼，你總能找到相對應的東西作為話題，而圖片因為更具代入感，所以是比純文字更好的媒介。

如果不知道對方的興趣呢？那就丟貓圖吧。八成以上的人都覺得貓貓狗狗很可愛，雖然有少部分的人怕狗，但我幾乎沒聽過有人怕貓，所以丟貓圖的成功率會比狗圖更高一點點，即使對方對貓沒有特別的熱愛，至少也會回個「哈哈真可愛」，也算是起了個頭。

當戰線拉到通訊軟體上，開話題的最簡易方法其實就是傳圖片或影片，所以後面的其它兩個類型，就不贅述，大家記得這個基本訣竅即可。

4. 想追同學、同事？先從建立私交開始！

不論做什麼事，「時機點」都很重要，有些人在金融海嘯時進入股市或房市，馬上躋身有錢人的行列；也有人在蛋塔風潮快衰退時加盟蛋塔店，搞得自己最後一屁股債。同一件事，只要沒把握住最好的時機，最後得到的效果也會大打折扣。聊天當然也不例外，你在什麼時間點找對方聊天、聊什麼話題，都會大大的影響你最後所獲得的結果。

在此要討論的時機點並不是所謂的「晚上十一點後要不要跟對方聊天」、「什麼時候密對方比較好」、「聊天回覆速度到底要快還是慢」等這類內容，也不是關係發展的「關係時機點」（如果想進一步了解可參考《從左手到牽手》以及《愛情，不只順其自然》）。這次我要說的「時機點」，叫作「雙方是否真的存在交情」，就是所謂的「私交」。

並不是所有人都是透過交友軟體、相親、聯誼這種目的性明確的管道來認識異性，有時候在職場上認識了不錯的同事、學校裡遇見不錯的同學、其它合作單位有不錯的接洽窗口等等，都是很有可能發生的事。

但有些人在好不容易要到了對方的聯絡方式後，積極的想跟對方有更進一步的了解或發展，卻因為不懂得拿捏分寸，反而導致關係變得非常尷尬。

這其中的分寸，指的其實就是「私交」。

「私交」的意思是「彼此之間有公事以外的私下的交情」。每個人都會對身邊的人做出「他之於我是什麼樣關係」的身份界定，這個定位會幫助我們釐清對待他人的態度，例如我們不會用對待媽媽的口氣跟老闆說話，也不會用對待客戶的態度對待伴侶，這就是一種身份界定。

也就是說，如果你跟同事在工作上合作很愉快，每天上班都會講到話，但從來沒有任何私底下的聯絡，那你們就只是合作愉快的同事而已。如果你誤會了彼此的關係，想說：「我們平常上班都聊得很不錯，應該關係很好吧！」便在未經對方同意的情況下，從他人或是公司群組擅自加了對方的通訊方式，突然開始跟人家聊天，甚至是說些有的沒有，於是最後被通報公司 HR 職場性騷擾。

這是一種逾舉的行為，很容易造成他人的困擾，但很多人搞不清楚，以為只要平常接觸的時候對方沒有迴避自己，在公司或學校裡也有正常對話，就表示自己可以採取行動。

當然，這並不是說你不能在交友軟體跟婚友社以外的地方認識對象，只是你必須在採取行動前，先有個過水的動作，讓兩人之間不僅僅是公事上的交流，而是對彼此有更多個人資訊上的了解，或是非公事的接觸，在概念上跨越「這是我工作／學校認識的人」的範圍，就能逐漸改變你們關係的性質。所以只要你的對象是同學或同事，首要目標一定要擺在「如何建立私交」上。

平時就要當個好人

在建立私交以前，請別忘了一件非常重要的事：你的基本人設。

喜歡同學或同事，跟其它途徑認識異性最大的不同在於：在其它途徑裡，別人很難打探你的風評。但如果你們是同學同事，你平常的行事作風，別人其實都看在眼裡。

也就是說，如果你平常做人很糟糕，那不管你多努力想在聊天上扳回一城、打造一個全新人設，別人都會認為這是一場騙局，因為你給人的基本印象已經定型了。

這也是為什麼我很常對大家耳提面命：要會做人、要保持良好的人緣，到哪裡都把自己的事做好，不要說人八卦做些傷害人的事。因為這些最終都會回到你自己身上，變成貼在你身上的標籤。

如果你平常都很懶散，工作都不做好，還會推卸責任，那麼你在同事間的風評就是個大雷包，連跟你共事都不想，誰還會想跟你談戀愛？如果你平常就到處跟人曖昧、亂搞男女關係，消息難道不會傳開嗎？誰想冒險挑戰海王海后呢？

反之，如果你平常做事都認真負責，也都樂意幫助同事，甚至常常請大家吃東西、喝飲料，出國玩也會帶伴手禮回來，大家即使跟你不熟，至少也吃過你的餅乾、喝過你的奶茶，對你的基本印象不可能太差，後續當然不會太困難。

千萬不要小看了你平時的一舉一動，一言一行，這些都會形成別人對你的看法，自然會影響到人們對你的好感，以及跟你深交的意願。

建立私交

建立私交有個簡單的方法就是從公事或公事時間，延展到私事上。

讀者們可以直接照做：一開始，在上班時間跟很多人閒聊，其中必須包括你的對象。接著，找機會拉大家一起去吃午餐，讓特定的幾個人的關係變得比較熟絡，不要急於針對個人，而是先建立起「一幫人的私交」。

等這幾個人一起去吃二到三次午餐後（不一定每次所有人都要到齊），便可以開始隨機找其中的成員（不要一開始就找你的對象）去超商，形塑一種「我們這票人關係都很不錯，其中的成員單獨去超商也很正常」的氛圍。此時，基本的私交就成形了。

接下來，有兩種路線可以參考，看你的狀況而定：

路線一：你是個親切健談型，在團體裡有著舉足輕重的地位，或是團體中的核心角色是你麻吉，那麼你可以試著籌辦一個下班後的活動（最常見是唱歌或吃熱炒），邀請大家參加。如果你們還沒有各自交換過彼此的LINE，請在此時交換。等到活動結束，各自解散回家後，你就可以開始傳訊息跟對方聊天。

路線二：你在短短的時間內，已經很常跟對方單獨去超商，而且相談甚歡，那麼此時你可以找個理由，例如：「我家貓超可愛，踏踏的時候有個招牌動作，我下次拍給你看」、「我找一下剛才跟你講的店，再傳給你」、「我傳給你上次尾牙小陳他們女裝跳舞的影片」……等等，跟對方交換LINE，切記，一定要是跟公事比較無關的理由，這樣才好接著聊私事，不用再設法切換。

如果對方是別的部門，或是已經有既定的小團體了，沒辦法用上述這招，那麼你還可以這樣做：

第一步，一定要先讓對方認識你這個人，你們要打過招呼，而不是「噢，我知道，他是業務部的 Keven」，這情況叫作「耳聞」。必須要是 Keven 親自跟你說：「哈囉！我是 Keven。」你們之間非常明確的知道對方是誰才行。

第二步，想辦法要到對方的 LINE，如果有中間人的話最好，避免對方有開啟過濾好友的設定，請中間人跟對方說你有些公事需要他的協助，請問是否可以把 LINE 給你。（請參考以下對話）

A（中間人）：哈囉！Keven，我是技術部的 Tim。我們部門有位 Sara，你有印象嗎？上次在年會的時候你們有打過招呼。

B：嗨 Tim

B：有哦！上次有跟她打過招呼。

B：怎麼了嗎？

A：是這樣的，Sara 有些公事上的問題需要請你協助，詳情我請她直接跟你說，我就不轉述了。我可以把你的 LINE 給她嗎？

B：哦，好啊沒問題

A：那我也把她的 LINE 給你，你可以先加一下。

接著發訊息給他，跟他請教公事，請教完先感謝他，然後用 LINE 禮物送他一個禮物電子券（最多一杯星巴克），表示謝謝他的協助，再問他下次如果遇到問題能不能再請教他。一般人都會說好。

以上是針對在大企業工作的人才需要的流程，如果你的公司規模在二十人以內，或是你們同個辦公室（重點不是部門，而是辦公室的遠近），基本上你可以直接去找 Keven 請教問題，並且隔天送他蛋糕（一片的那種，拜託不要送八吋的）或請他喝飲料作為回禮，再問他下次如果遇到問題能不能再請教他。然後你也可以接著用面對面聊天的方式，接到第三步。

切記，送禮物是非常大的重點，一定要記得送。

第三步，在下次問完問題後，問對方：「上次的飲料（或食物）你喜歡嗎？不好意思，我不知道你喜歡什麼口味，就買了一個我覺得很好喝的給你。」對方可能會說：「哦不錯啊！謝謝你的飲料，你太客氣了！」這時候請你接：「你有比較喜歡吃什麼或喝什麼嗎？我明天帶去公司給你，謝謝你每次都幫忙我～」對方如果說：「不用啦，小事啦，不用這麼客氣。」你就要說：「不行啦！不然我以後怎麼好意思問！國小老師有教，做人要懂得感恩，我一定要報答你！趕快，你至少要跟我說你喜歡甜的還鹹的？」基本上，對方都會回答一下，然後隔天你就有理由直接帶禮物去找他。

把禮物交給對方後，跟他簡單閒聊幾句，然後就撤退。但從今天開始，你就可以私下傳訊息給對方（可以問禮物的口味喜不喜歡），不一定要再從公事切入了。

從「公事關係」要進展到「私下交情」一定要經過一個過程，這個過程指的不是時間的長短，而是一個「橋接」的概念：你得透過某些方式過個水，利用某些簡易的對話跨過公私的界線，讓對方覺得跟你說點私事也是正常的，未來你才有可能跟對方談論更深入的話題，或是有更進一步的接觸。

第一次私聊

在過完水之後，進到一開始的私聊狀態時，我還是推薦可以用跟公事稍微有一點點關係的事情作為開頭，但不是「事務性」的，而是帶娛樂性的，例如：同事今天講了一個笑話、辦公室發生的趣事，如果對方是其它部門的，甚至也可以拍今天大家一起訂的雞排給對方看。總之，可以稍微跟你們的共同點（學校或公司）有關聯。

這只是破冰手段而已，不要著墨太久。我常看到有些人因為不知道要跟對方聊些什麼，就死命的聊公事、同事（同學）、老闆，或是一直抱怨公司、上司（老師）、客戶。這些話題非但無益於戀情，甚至還會傷害你的工作（學業成績）或人際關係。

如果你們一直在聊公司相關的事，那麼你們永遠就只會是同事，所以你得花時間跟對方聊些個人的資訊，例如喜歡吃什麼、喜歡什麼顏色、喜歡什麼國家、有沒有養寵物、假日在幹嘛……，你們聊的私事越多，你們的關係就離純同事越遠，要往下一步發展就越容易。

第二次私聊

聊個一兩次之後，其實你就可以開始把對方當作一般情況的對象來聊了，作法請參照前面的策略。

比較值得一提的是，你們所屬的環境畢竟是公司，對方對於辦公室戀情的看法如何，也是你必須先了解的。如果對方對於辦公室戀情感到排斥或恐懼，那麼我建議就不要勉強。可以先和對方保持互有好感的關係，直到你們其中一方轉換跑道，再正式開始談感情。如果你的工作很不錯，請千萬不要在八字還沒一撇的時候，就為了追求對方而辭職哦！

5. 聚會遇到天菜？「有沒有下次見面機會」決定你的話題策略！

最後一種比較普遍的交友管道，是參加活動、聚會、社團，以及朋友的局。

這是個相當微妙的管道，它的初始立基點並不在於認識異性，而是學習、興趣，或來賣朋友一個面子，但又不至於像面對同學同事那樣的界線分明。這條路徑的好處在於可以做喜歡的事，還能順便認識對象；壞處則是如果對方對你的態度相當友好積極，你也很難分辨人家是只把你當成同好或共修，還是其實對你有意思。

在這種情況下，我們只要把握住那微妙的狀態，在起頭處先留下適當的印象，事後再設法利用稍微公事性的事務作為話題，作為過水橋接之用，接下來，再開始正式展開相處。

這種聚會場合主要分成兩種類型：一，在某一段時間內會定期舉辦的某種聚會（例如帶狀課程、社團活動），或某人常常找來的朋友；二，一次性的聚會，例如朋友的生日派對、喬遷派對、一次性的講座……等等，而聊天策略的設計根據兩者有所不同。

如果是屬於「未來還有見面機會」的情況，我建議採取分段進行的策略。這種策略有幾個好處：一，每次只需要做短線的接觸，不必一次達成任務，對於經驗不足的人來說相對友善；二，有更多時間可以搜集處理情報，更容易找到有利的切入點；三，即使並不擅長與異性相處，也可以靠著在團體裡塑造具吸引力的人設，強化對於對方的吸引力。

如果是屬於「一次性接觸」的話，我建議初次接觸以三十分鐘為單位，測試雙方的契合度，如果很聊得來，就直接交換聯絡方式，如果聊不來，就直接放棄。

路線一：如果未來還有見面機會

假設你目前是去參加一個會定期舉辦聚會的社團，而剛好你對社團成員有興趣，那麼你最好做多次的短暫接觸。

最一開始，你只要表達禮貌跟友善就好了，例如：眼神接觸的時候微笑點頭、對方有需要協助的時候主動幫忙、會主動跟人打招呼……，你只需要留給別人良好的基本印象即可，不需要追求讓人印象深刻。

這種友善良好的基本印象，是正式接觸前的前置作業，透過簡單的交流，為後續的相處鋪路。一來可以建立你的基本安全感（至少人家不是看到你就把眼神撇過去），二來也會累積對方對你的基本熟悉度。

當你跟對方多對到幾次眼、打過兩三次招呼後，就可以開始進行實際的接觸了。

第一次實際接觸，你不用想得太困難或太複雜，只要自然的跟對方搭話就可以了，以當下場景或情境裡的任何一個點作為話題，就可以非常快的建立對話。

舉例來說：假設你是在一個帶狀課程認識對方，在打過幾次照面、確認對方態度友善之後，你可以在某次上課前或下課時間直接去跟對方閒聊：「哈囉！我之前一直很想問，你的筆袋好可愛，是在哪裡買的啊？」在對方回答你之後，你可以再做自我介紹，接著進入一般的聊天狀態。

你要利用現場的任何一個元素來破冰，就算是一群人一起在總統府前靜坐抗議，你也可以跟隔壁的人說：「好熱，你想喝水嗎？」這也是一種利用當前要素的破冰。

談戀愛要談得輕鬆，最重要的就是把環境裡的每一個東西都化作你的盟友，而不是單打獨鬥——當你在約會的時候，你可以跟對方聊聊店家養的小鳥、隔壁正在吵架的情侶、公園裡的小狗、有趣的小攤販⋯⋯，每個觸目所及的東西，都應該要變成你的話題、成為你的助力，而不是你埋頭苦幹，拼命規劃等一下是否要聊對方的興趣、工作還是親戚。

為什麼把環境視為盟友，談戀愛就可以談得輕鬆呢？因為當人在緊張焦慮的時候，注意力會變得非常小，心裡幾乎被恐懼的聲音佔滿，滿腦子只有一些關於失敗的可能性或自我描述，像是「糟了，接下來要聊什麼好？」「我現在講這個他有興趣嗎？」「他會不會覺得我很無聊？」「我又要搞砸了」、「如果沒表現好，之後對方一定不會再跟我出來的」……，如果腦子裡盡是這些鬼東西，又怎麼可能注意到身邊有什麼，而對方又正處於什麼狀態呢？

反之，如果你能夠有一瞬間把注意力放到當前的環境之中，就表示那一瞬間的你是融入當下的，也就是所謂的「活在當下」。

「活在當下」並沒有想像中的難，不管是你看著天空，讚嘆天氣很好的時候，還是聽到樹上的小鳥啾啾叫，停下腳步觀看的時候，或是專心的跑步，感受迎面吹來的涼風的時候，其實就是活在當下。因為那朵雲就只會在那個當下飄過去，錯過就沒了；那隻鳥只在那個當下發出啾啾聲，並且在樹上跳來跳去，錯過就沒了；那陣風也只在那個瞬間吹過，錯過就沒了。每件事都只在那個當下發生，而你正好融入了那個正在發生的現實。

活在當下會讓一個人保持放鬆與專注，「不在當下」則剛好相反。所以當你能夠觀察到周遭正在發生什麼的時候，表示當下的你是自在的、有餘力不只把注意力集中在自我的幻想裡的，這就是輕鬆的。

在你藉由當下環境做為破冰之後，只需要短暫跟對方閒聊五到十分鐘即可。注意請見好就收！千萬不要等到雙方陷入尷尬，才終止話題，只要稍微感覺到話題快要結束，就可以先退兵。

之後，你每次見到對方都可以小聊幾句。如果一直找不到可以聊得起來的話題，就每次都保持五到十分鐘的閒聊即可，直到你找到和對方共同的興趣、愛好、喜歡的偶像或漫畫、熱衷的運動或共同的理念，讓你們出現一次熱絡的聊天為止。

當這個情境出現時，你要把握機會，在話題的尾聲以此為由跟對方交換聯絡方式，例如：「天啊！沒想到會在這裡遇到同好耶！要不要換個 LINE，下次可以一起去參加 OO 活動。」「你也喜歡跑馬拉松嗎？要不要換個 LINE，有機會一起去跑。」「我也很想了解禪修耶！有機會的話你可以帶我去你們的道場嗎？」如此一來，你就能夠順理成章的要到對方的聯絡方式。

在要到對方的聯絡方式的當天，回到家請傳個訊息給對方，內容大致上跟你們暢聊的話題有關，例如：「沒想到居然可以在課堂上遇到也愛跑馬拉松的朋友，太令人開心了！謝謝你帶給我這麼開心的一天，之後有機會一起去跑步吧（？）」或是：「謝

謝你今天跟我說 ○○ 這次在香港有特別活動，不然我差點就錯過了！能夠遇到同樣喜歡 ○○ 的朋友真是太難得了，下次我再帶上次他們在東京活動的紀念品給你看！」

把話題強調在你們的共同興趣或愛好上，對方就會用比較熱烈的方式回應，這會塑造出雙方和彼此聊天都覺得很開心的感覺，對於第一次在訊息往來上所留下的氛圍是相當重要的。

接下來，你不一定要急著隔天馬上聯絡對方，如果沒有適當的理由或是較高的好感，初期過於密集的聯絡會讓對方產生些許的壓力，反而會造成反效果。但如果你有話題的話，是可以密集聯絡的。

所以你要做的事，是在能夠當面碰到的時候，多跟對方聊幾句，如果聊得很開心，不妨當下就直接約對方去吃東西或喝咖啡，也不用透過訊息了。

只要能夠單獨約出去一次，後續就可以比照一般聊天模式進行。

那麼如果你運氣不好，在這個能夠固定見到面的期間內，你從來沒有找到過可以跟對方暢所欲言的主題呢？那就放棄吧！這表示你們的頻率非常不合拍，而對方對你也相當不感興趣，趕快找下一個人比較實際。

路線二：一次性的接觸

如果你遇到的情況，是屬於一次性的聚會、派對，那麼你就得採取完全不同的模式來應對。

這個狀態更考驗當事人活在當下的能力：只要你能夠一直保持自在，並且維持足夠的專注力觀察對方及當下的氛圍、環境，即使你沒有很強的聊天社交技巧，也能夠讓對方留下良好的印象。

在這個情況下，我同樣建議你們在對到兩次眼之後再展開行動，會大幅降低你吃閉門羹的機率——因為一個厭惡你的人，基本上不會想跟你對到兩次眼。

接下來，你得用所處環境中的要素作為題材破冰。如果你是去朋友的局認識了新對象，那麼你可以用朋友作為破冰主軸開啟話題：「哈囉，你也是〇〇的朋友嗎？你們怎麼認識的啊？」「嗨！你跟〇〇很熟嗎？前幾次怎麼都沒看你來？」或是利用對方身上的其它線索：「嗨，你喝的這個是什麼？看起來蠻像可樂的。你也不喝酒嗎？」「你的錶好漂亮！我找這種錶好久了！」……無論是什麼方法，重點都只有一個：讓對方自然的跟你開啟對話。

俗話說頭過身就過，只要一開始話題開啟得順暢，就成功了一半。接下來，你得試著跟對方輕鬆的聊上「總計」三十分鐘——即使中間你們各自離開去做別的事，後續又回來聊也無妨，我們的目標是在這場局裡，愉快的聊上三十分鐘。

要愉快的聊上三十分鐘，有幾個不可或缺的小訣竅：

1. 不要一直聊你們的共同朋友

當人們用共同朋友作為話題開頭時，最擔心的就是接下來的三十分鐘，話題全都圍繞在朋友上——「你跟他是高中同學嗎？」「對啊，我們高中的時候很要好。」「我跟他是大學認識，他大學的時候好像跟高中差很多。」「好像是耶，他高中的時候很瘋，大學好像就跑去談戀愛了。」「是喔？他高中的時候有做過什麼嗎？」「噢，他高中的時候超好笑的。」……，請問一直聊這個朋友，對於你的戀情究竟有何幫助？只會讓對方得到「原來某某（共同朋友）以前是這樣啊」的情報而已，並不會對你產生任何印象。

要談戀愛，就必須觸及雙方個人的資訊，人設印象才會漸漸成形，所以一直聊朋友，只會創造一個「很愛聊朋友」或「很沒話聊」的人設，對於留下自身的記憶點完全沒有幫助。

2. 大約要有三個主題

不論你一開始切入的話題是什麼（是共同朋友也OK），以三十分鐘的聊天份量來說，雙方最好聊到三個以上的主題，才容易創造出「我跟這個人很聊得來」的想像。

這三個主題並不用特別的跳躍，只需要沿著原先的話題，順藤摸瓜的延展下去即可。例如：

「對啊，這是可樂，我喝一杯就會醉，所以都以可樂代酒。」

「哇，那你不就也不太會去夜店或酒吧之類的地方？」

「對啊，去那裡不喝酒人家都覺得我很怪，除非真的有朋友約啦，不然平常也不會去。」

「嗯，去這些地方不喝酒真的會有點格格不入，我自己也很少去。那你平常都待在家嗎？」

「不會耶！我蠻喜歡戶外運動的，我很常去爬山。」

所謂「順藤摸瓜」，其實就是把對方的回應做更深入的開展或探究，更多的了解相關的細節與具體情況，讓自己更了解對方。這是延續話題最容易的方法，它最大的效用在於讓人完全不需要再額外想話題。

以上述的例子來說，兩個人從一開始的「可樂——酒精——夜生活」話題，開展到「興趣——戶外——爬山」，因為兩者討論的方向完全不同，所以其實就算是兩組話題了。以這個標準來看，你會發現三十分鐘內要聊三個話題，真的非常簡單。

3. 話題聊乾的時候，請妥善利用廁所重整旗鼓

當然，我們無法保證每次的話題進展都會如此順遂，有時候總會碰到對方不想聊某個話題、一不小心聊乾、一下想不到可以推展到什麼地方等狀況。

一旦你發現話題的熱絡度開始漸漸下滑，但一時之間你也想不到什麼好方法，那

麼就去廁所吧！

廁所是所有約會人的忠實朋友，它是人們的避風港、軍事基地、冥想中心。

為什麼這麼説呢？首先，人都有生理需求，所以去廁所是一件非常正常的事。到了廁所，你就有一小段時間可以脱離對方，讓自己洗洗手或洗把臉、補個妝，照照鏡子讓自己放鬆心情。你可以在廁所裡靜靜的回想書裡提到的方法，重新調整步伐，讓自己冷靜下來。如果你擁有一個互助群組（例如我的學生群組），甚至還可以上線求助，請大家提供一些話題。

最重要的是，當人從廁所走回來以後，就得到了開啟任何話題的機會！即使在去廁所前，你們聊的是星座，從廁所回來以後，你都可以非常自然的改變話題：「欸對了，你有去吃過那間鐵板燒嗎？最近很紅耶！」如此一來，就可以避掉生硬改變話題的情況。

但廁所這招，在一次的局或約會中，請不要使用太多次，否則別人可能會覺得你有些膀胱上的困擾。

在你們總計聊了三十分鐘後，你就可以試著跟對方要LINE了，此時的成功率將會依你們當天的愉快程度而定。

如果成功要到LINE，後續可以直接參照「聯誼相親」的作法進行下一步；如果沒要到，也請給自己一個鼓勵，因為這次的你非常勇敢的為自己的戀愛等級增加了三十分鐘的實戰經驗。

在聚會場合裡創造機會，本來就是相對困難的作法，我認為初學者在這種情境裡，最好的應對方式就是當作練習機會，不斷嘗試，不要太在意成果，反而更容易取得好成績。

第五章

桃花藏在細節裡！歡迎訂閱超實用聊天小提醒

LOVE

HAPPY！

1. 四個網聊訣竅，手機就是你的行動月老廟

網路聊天與見面最大的差異在於：網聊只能單純透過文字及圖片表達與接收，而見面則可以接收對方的語氣、表情、反應……等全方位的訊號。在訊息量落差這麼大的情況下，網聊當然不能全盤使用和見面同樣的作法，得更深入且有意識的運作，否則很容易讓本來好好的關係因為莫名其妙的誤會而告吹。

我有非常多的學生，人很好、條件好，如果見到人，都覺得他們有禮貌、有內涵又好聊，但不幸的是，他們在網聊的世界裡總表現得一蹋糊塗。

為什麼僅僅是從見面轉換到網路上，就有這麼大的落差呢？關鍵在於：是否有把

不足的資訊補齊。

網聊與當面聊的差異主要在於資訊量的差距，所以如果想在網路上聊得好，首先要做到的就是讓自己的文字看起來像在「說人話」，盡可能讓對方讀起來口語化，就會呈現出比較自然的感覺，才能達到好聊的基本門檻。你可以這麼做：

一、增加標點符號與表情符號的使用

在閱讀訊息時，人們其實並不是「看過去」，而是在心裡快速的「唸過去」。因為多數人都還是依賴語氣及表情，來解讀對方當前的語意，所以此時，標點符號及表情符號就會顯得特別重要，因為這將大幅影響別人的解讀。

很多人聊天的時候，因為不知道怎麼運用標點符號來準確傳達自己的語氣，導致對話看起生硬不自然，也降低了他人的對話意願。我們先來看一些常見的「標點符號用不好」的範例，以及它會帶給他人什麼感覺。

1. 僅用全形逗號跟句號

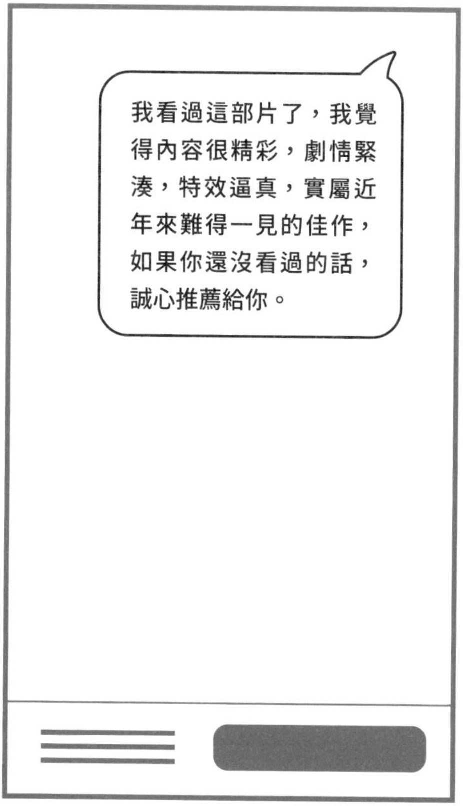
我看過這部片了，我覺得內容很精彩，劇情緊湊，特效逼真，實屬近年來難得一見的佳作，如果你還沒看過的話，誠心推薦給你。

相較於半形標點符號，全形是更為正式的用法，這是一個既定的刻板印象，所以如果你在一篇論文裡看到「所以說～A＋B等於C這個論述，在這裡就會成立囉！！！」這樣的句子，鐵定會感非常困惑，不能理解論文怎麼能採用這樣的表述方式，但如果把它放到網路論壇上的發文，你就完全能夠接受。這就是全形符號與半形符號在人們心中的既定印象。

因此，如果你在對話裡，只使用全形的逗號跟句號（或許再加上一個全形的驚歎號），那麼會容易給人一種正式、拘謹、相當有禮貌，但很有距離的感覺。

2. 過度使用驚歎號

「驚歎號」在網路聊天中是非常重要的標點符號，但千萬不能一直使用。驚歎號的用處在於強調某種激動的情緒，當你對於某些事情感到驚訝、憤怒、無法置信、興奮、喜悅時，就可以用驚歎號來表達你激動的情緒。例如收到一個很喜歡的禮物，就可以說「謝謝你！！！」「超喜歡！」遇到很誇張的事，就可以說「太扯了吧！」感覺很興奮雀躍時，就可以說「好期待！」。

如果驚歎號使用得當，會讓人覺得跟你聊天很有趣、很身歷其境，彷彿在有個人就在自己面前對話，而你的感受也能恰如其分的表達給對方。但如果過度的使用驚歎號，像例句那樣，就會讓人不能理解你這人到底在驚訝什麼？究竟有什麼事情讓你這麼驚訝？反而會令人產生一種煩躁感，覺得你這人好像很愛大驚小怪，任何事情都會讓你情緒反應很激動，完全不知道你想要表達什麼。

所以驚歎號在網路聊天的世界裡是一把雙面刃，使用時要注意頻率，不要過度使用，以免別人覺得你這人很莫名其妙。

3. 一直用「……」

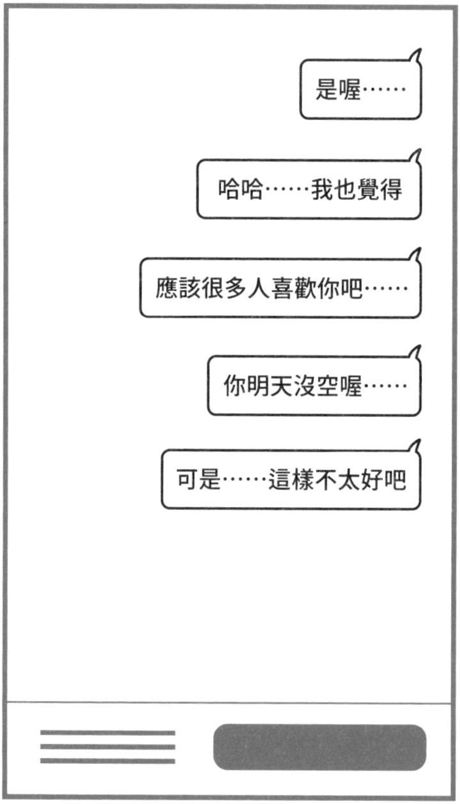

相較於驚歎號的情緒激動，刪節號（點點點的名稱）在語氣上代表的是沉默、漸弱，很容易傳達一種哀怨或無言以對的感覺給別人。如果長時間跟一直用點點點的人對話，所產生的煩躁感恐怕更甚於面對狂用驚歎號的人。

刪節號所傳達出的哀怨、消極、沒自信、沮喪、低落，會連帶給人產生一種「這個人情緒很低落」的印象。要知道，每個人都懷抱著很多心事，沒什麼人喜歡安慰別人、了解別人、傾聽別人，多數時候人們都只想要別人來安慰自己、了解自己、傾聽自己、取悅自己。所以如果你持續散發這種低落沈悶的氛圍，對方可能會短暫安慰你一下（相信我，真的很短，有三天就很了不起了），但對你的興趣會越來越低，然後漸漸消失。

很多人喜歡在面對新異性的時候賣慘，把負面情緒都丟給別人，但是這個作法不會讓你的感情變得順遂、找到一個疼你愛你的好對象，只會讓別人對你敬而遠之。

正確作法示範：

1. 用斷句取代全形逗號

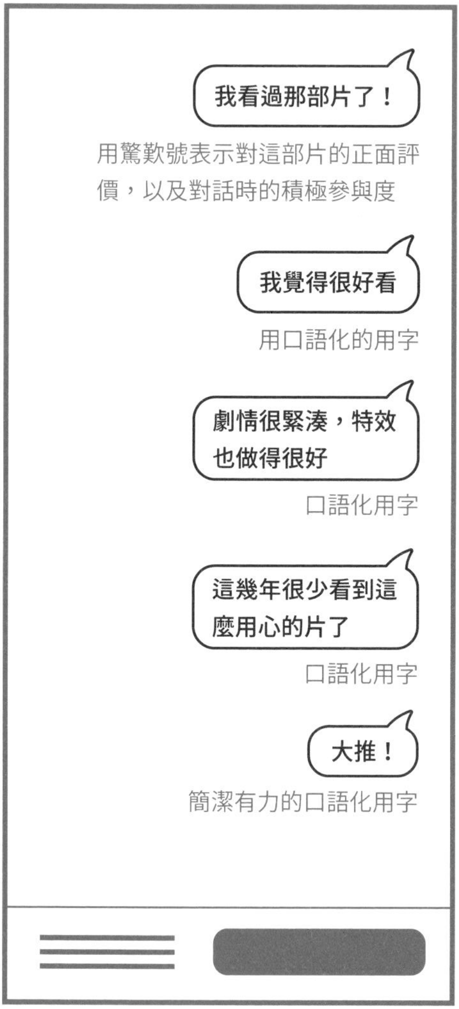
我看過那部片了！
用驚歎號表示對這部片的正面評價，以及對話時的積極參與度
我覺得很好看
用口語化的用字
劇情很緊湊，特效也做得很好
口語化用字
這幾年很少看到這麼用心的片了
口語化用字
大推！
簡潔有力的口語化用字

當想要表達的東西多的時候，勢必會有分段方便閱讀的需求，所以才會有使用太多全形標點符號的問題。克服的方法很簡單，只要不要全部打在用一個段落裡，可以利用斷句來取代逗號，一句話也不會變得太長，讓人難以閱讀。另外，「用斷句取代逗號」會產生一種彷彿真人在換氣的感覺，比起使用逗號，會更像在說話，也會比較自然。

如果可以的話，一句話的字數最好不要超過十個字，如果是閒聊，沒有在談論對事物的想法看法的話，甚至一句話可以七個字為限，盡量省去逗號的使用，並最大程度口語化。

這麼做的目的只有一個，就是讓對方感覺像在跟一個活生生的人聊天。雖然你們之間隔著螢幕，但你回話的方式讓人感覺像是有個真人在跟自己說話一般，就能創造一種交流的動力。任何人都希望自己說話時，別人是有在聽、有在回應的，所以「螢幕的對面是個活人」，意外的是件很能讓人產生回應動力的事。

有些人可能會問：「但一次傳這麼多句，不會讓對方覺得有很多未讀訊息，覺得我很飢渴、壓力很大嗎？」

如果對方不喜歡你的話，其實你傳一大段話跟傳幾句話的差別並不大，對方還是不會喜歡你。但如果你和對方的關係目前持平，而你又擔心太多未讀訊息會讓人備感壓力的話，那麼建議你在和對方「即時對話」的時候，採取這個作法。

所謂的「即時對話」，指的就是**你們兩個都處於秒讀秒回的狀態**。只要想要跟別人進一步加深關係，不管是感情還是友誼，這種狀態都屬於「加分時間」。畢竟對於網路聊天來說，最惱人的就是兩個人的時間對不上，只要無法展開即時對話，關係就很難升溫，因為當A處於某種情緒時，B不僅不在狀態裡，甚至不在對話裡，而等到B出現時，A可能又已經脫離了這種情緒。這種錯過情緒高漲時刻的情況只要頻繁出現，A對B就容易產生「無緣」的想法，就算原本有感覺，也會慢慢淡掉。

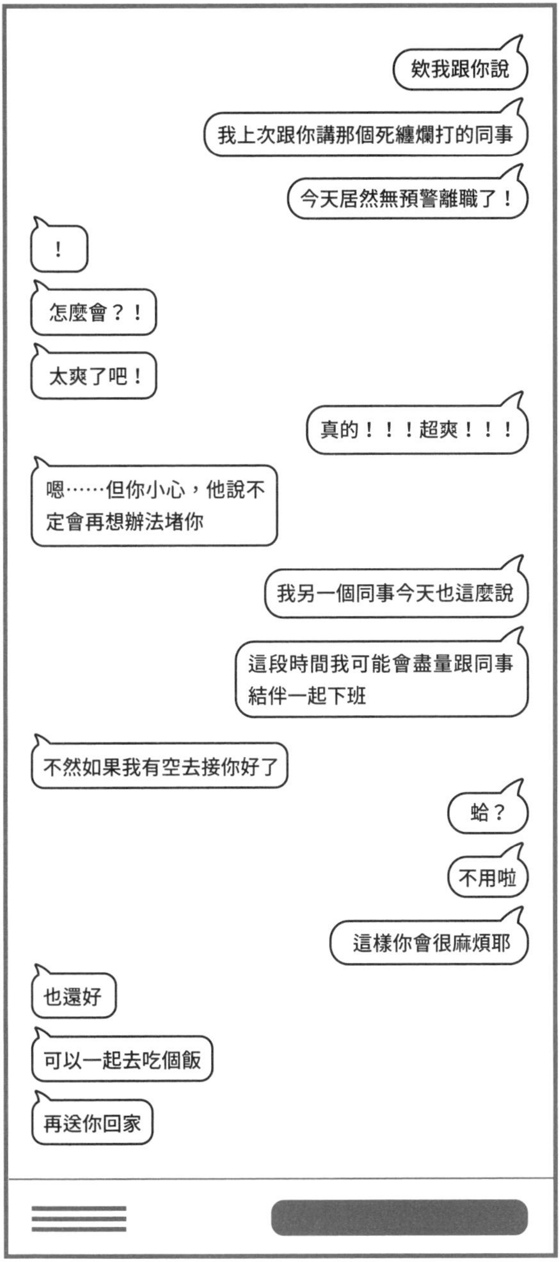
欸我跟你說
我上次跟你講那個死纏爛打的同事
今天居然無預警離職了！
！
怎麼會？！
太爽了吧！
真的！！！超爽！！！
嗯……但你小心，他說不定會再想辦法堵你
我另一個同事今天也這麼說
這段時間我可能會盡量跟同事結伴一起下班
不然如果我有空去接你好了
蛤？
不用啦
這樣你會很麻煩耶
也還好
可以一起去吃個飯
再送你回家

從上述的示範可以看到，標點符號的使用意義完全在於「正確表現當事人的情緒」——情緒強烈時就用驚歎號，沉思時就用刪節號，困惑時就用問號，沒什麼特別時就什麼都不用。

也就是說，只要你在聊天時有情緒、不裝模作樣、不做作，不試圖做出任何幻想的情緒反應（例如想要假裝自己很 high，但對那個話題其實一點興趣也沒有），就能正確掌握標點符號的使用邏輯。

現在手機裡也有很多表情符號可以使用，如果你認為自己中文造詣並不高，怕誤用了標點符號，那麼多使用表情符號做為替代也是一個方法。但原則跟標點符號一樣，不要過多，也不要使用一些語意不明的圖案，例如用一堆鑽石高跟鞋口紅愛心錢袋鈔票的 emoji，別人完全不知道你想表達的情緒是什麼，就會很容易感到煩躁。要記得，人只要突然接觸過多的資訊量，而對他來說那個資訊又並沒有什麼了解的價值，就會容易產生煩躁感。想要創造愉快的對話，就必須減輕所有阻力，最簡單做到的一點就是避免引起他人的煩躁。

切記，不管你用標點符號還是表情符號，用意都只有一個：傳達你的情緒給對方。不管你要用驚歎號、逗號、刪節號、句號、引號、問號，還是哭臉笑臉中指大姆指⋯⋯等任何表情符號，都要以「傳達此刻你想要表現的情緒」為核心來操作，避免增生不必要的阻力。

其實，我們都先不要談到什麼高深的聊天技巧，光是能夠妥善的運用標點符號以及表情符號，就已經可以改善百分之五十的聊天障礙了。如果你能再增加以下兩點，那麼你的聊天基本功就能讓你海放百分之六十的競爭對手了。

正確範例：

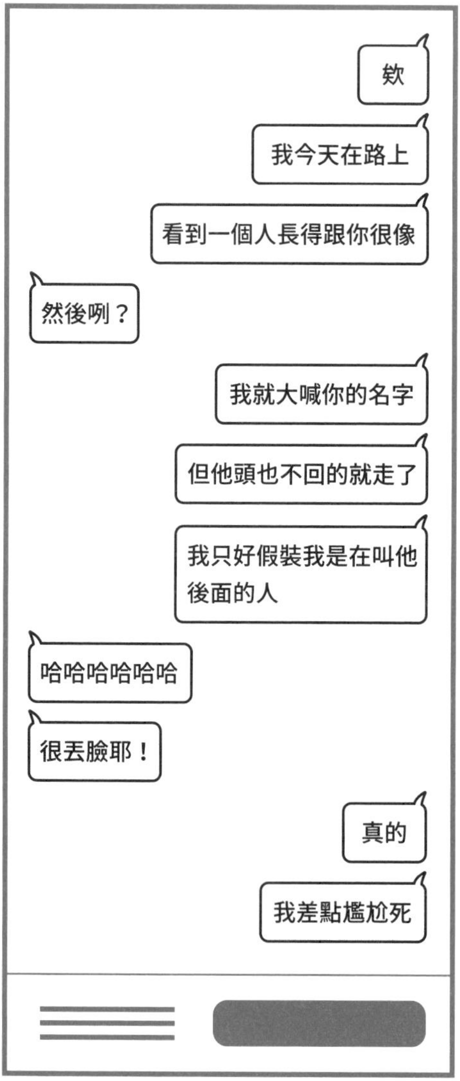
欸
我今天在路上
看到一個人長得跟你很像
然後咧？
我就大喊你的名字
但他頭也不回的就走了
我只好假裝我是在叫他後面的人
哈哈哈哈哈哈
很丟臉耶！
真的
我差點尷尬死

如果沒有語助詞跟發語詞，上述的對話就會變成這樣：

錯誤範例：

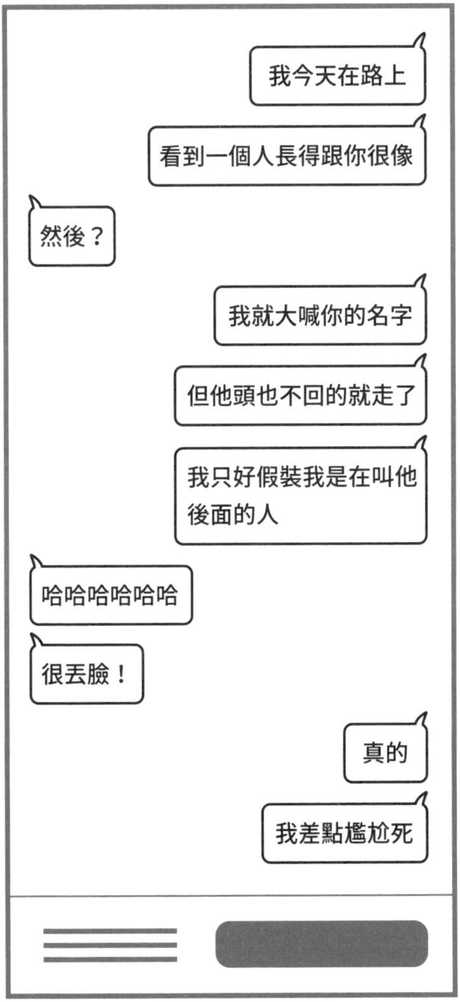

語助詞和發語詞會增加口語的親和度，讓對話產生一種自在、隨性的感覺。純粹的訊息缺乏口語表達的輔助，很容易變得比較不近人情，為了讓你的訊息讀起來顯得更加輕鬆，就必須適度的使用語助詞。

語助詞的使用目的主要是為了「產生畫面感」。因為在面對面談話的過程中，有許多時候我們其實是不發言但仍然積極參與對話的，例如：當別人在闡述時，你可能會點頭表示認同，或是發出「嗯嗯」的聲音，來表達你的理解；或是當別人說到某件事時，你可能會發出「哦～」的聲音，來表示「原來如此」……，但不論是點頭還是你的身體動作，都無法在文字中呈現，所以此時我們必須添加語助詞來創造聲調及畫面感，增加「你正在與他對話」的臨場感。

在網路聊天中，我最重視的就是「如何盡可能讓對方感覺自己在和一個真人對話」，只要能解決這個問題，網路聊天其實具有某個面談無法具備的優勢：爭取思考時間。

對於一些還不擅長聊天的人來說，能多爭取一點思考時間是很重要的。

在我剛出道教戀愛時，某天，一個學生突然很緊急的私訊我：「亞瑟！我最近認識在聊天的女生，突然問我想不想結婚，怎麼辦？救我！！！」

我問他：「你想怎麼回答？」他說：「我想回她：『妳不知道問別人問題以前要先講自己的答案嗎？』」

看著手機螢幕，我翻了個大白眼，趕忙跟他說：「絕對不要回這個，這是個非常糟糕的回法。」接著我花了大約十幾分鐘幫他回覆了這個訊息。

不久後，兩個人就交往了。過了幾年，也登記結婚了。

還好當初對方是用訊息問他這個問題，讓他能夠爭取到一些時間來詢問我，否則如果照著他自己的想法回覆，那麼後續的這些事大概都不會發生了吧！

這就是網路聊天的好處：能夠有多一點的思考時間，不管這時間是用來設計對話、判斷對方的情況，或是尋求專業協助，都是一個緩衝。

所以如果能在字裡行間裡，盡可能的讓自己鮮活起來，那麼網路聊天對於很多人來說，還是一個非常棒的工具。

4. 回應情緒，不回應事情

錯誤範例：

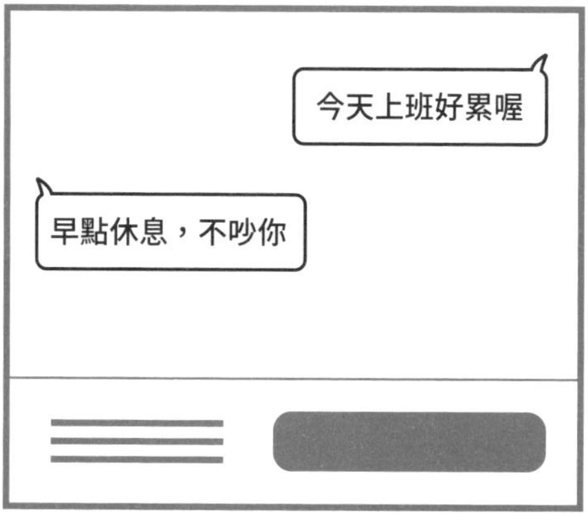

正確範例：

今天上班好累喔

還好嗎？想去睡了嗎？

還好

晚點再去洗澡

現在不想動

今天怎麼這麼累？

同事出包

整個部門在幫他擦屁股

出動整個部門喔？

聽起來就很大條

對啊

累死

那你一整天不就都很煩

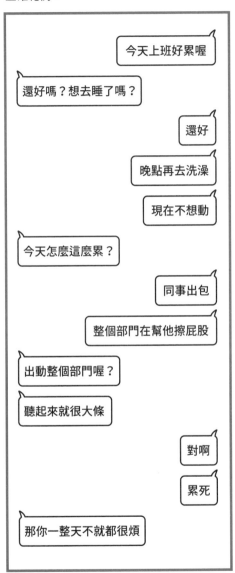

超煩的

忙到午餐都沒時間吃

都在趕著處理他的事

不然沒辦法跟客戶交代

這真的氣死耶

吃飯皇帝大

居然害你沒飯吃

這要誅九族才行

真的！

我中午超餓

我覺得我餓到快昏倒

心裡翻了一百個白眼

一直在心裡對他比中指

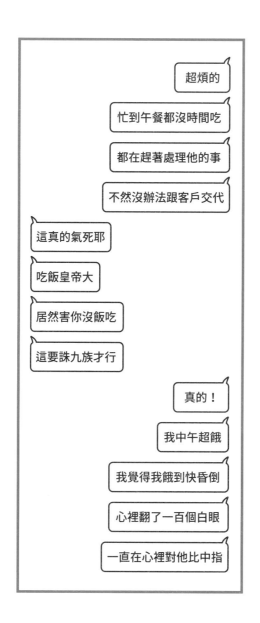

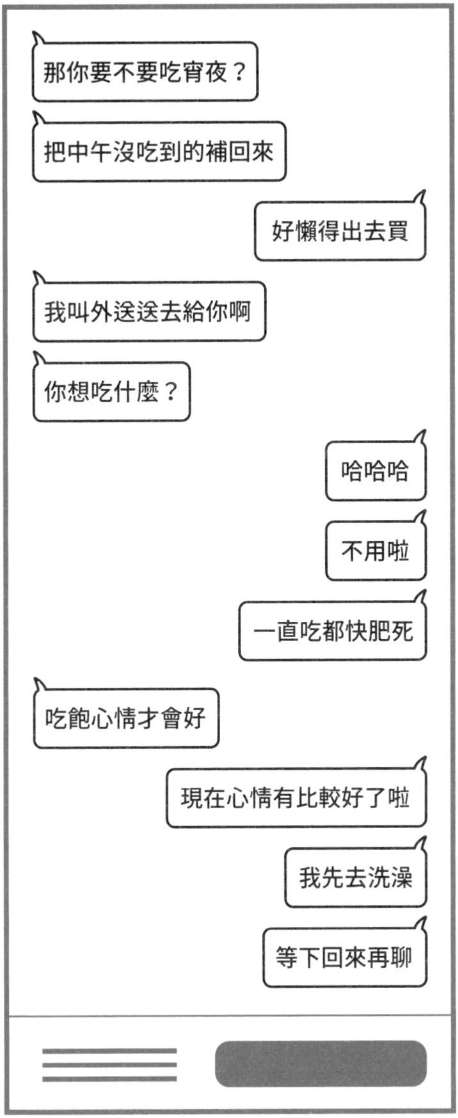
那你要不要吃宵夜？
把中午沒吃到的補回來
好懶得出去買
我叫外送送去給你啊
你想吃什麼？
哈哈哈
不用啦
一直吃都快肥死
吃飽心情才會好
現在心情有比較好了啦
我先去洗澡
等下回來再聊

一般情況而言，女生是比男生更會聊天的。這不是因為女生有很多話題、懂得多，而是因為女生多半比較談論情緒，男生則是談論事情居多。

但你要想，事情就這麼多，大部分的人每天的生活也不會差到哪裡去，哪有這麼多事情可以討論呢？所以如果一個人很努力的充實自己的生活，閱歷還算豐富，興趣還算多元，那麼在認識初期，的確能夠給人一種「哇！他懂好多喔！生活好多彩多姿喔！」的感覺。可一旦認識的時間拉長，那些可以聊的事情聊完了，就不知道還能再說什麼了，慢慢的，彼此的對話就開始變成日復一日的循環——早餐吃了什麼、午餐吃了什麼、晚餐吃了什麼、追了什麼劇、下班了、洗澡了、先睡了……，如此了無新意的對話，你能期待蹦出什麼火花？生活充實的人都會遇到這樣的瓶頸了，就更不用提那些生活只有兩點一線的人了。

所以你會發現，有非常多的人認為自己聊天遭遇的困難，是「沒有話題」，所以他們想方設法尋找話題、搜集話題，卻從來沒想過，其實**「沒話題」這個問題根本是個假議題，問題是他們從一開始聊天的方向就錯了。**

無論是誰，都很難有源源不絕的話題，你們之所以還有很多話題，只是因為你們相處的還不夠久而已。

我有一些很可愛的學生，上網看了很多文章，文章裡都說：「生活要豐富才能吸引女生」、「要讓自己過得多彩多姿」、「多參加活動，充實自己的閱歷經驗」、「把生活排滿、多拍照、經營自己的社群媒體，才會受歡迎」，受到這些文章的鼓吹，他們便積極參加許多自己其實沒什麼興趣的展覽、市集、限時活動、去網美店拍照……等等。

他們之所以這麼做，無非是希望可以和女生有多一點的話題、能讓自己看起來更吸引人，但這些事不見得是他們實際上想做的。於是他們花費大量的時間和金錢，努力去參加一些自己其實沒那麼感興趣的活動，認真拍照打卡讓自己看起來生活豐富、多彩多姿，但到最後，通常每個活動也只能聊一下下，而對他們沒興趣的人，還是沒興趣。

「事情」總會被消耗完畢，但「感覺」每天都在產生，不管你看了多少展覽、聽了多少音樂會演唱會、去了多少場脫口秀表演、看了多少部影集韓劇，話題總會有用完的一天。所以與其每天想方設法的開話題，不如直接放棄談論「事情」，多花點時間討論感覺，還更好聊一點。

「談感情」這個詞，早就說明了談戀愛要談的不是事情，而是**感覺和情緒**，所以你要做的就是「關心對方的情緒」。注意，不是關心對方，而是關心「對方的情緒」。

關心對方大家都會，就是：「吃飽沒」、「要早點休息哦」、「多喝熱水」、「天氣冷要多穿點」……等等的三餐問候型例句，它仍然不脫離事情的範圍，不管是吃飯、休息、喝水、多穿，都是某種具體行動，也就是某件事情。

而關心對方的情緒，指的是：「今天會很累嗎？」「感覺心情好像有點悶？」「那你現在還好嗎？」「那你豈不是很難過嗎？」「哇！聽起來超開心的耶！」……等諸如此類的句子都是在關心對方的感受和情緒。感受和情緒即使每天都相同，但人們卻很喜歡談，怎麼談都談不膩，否則也不會有這麼多人和新對象曖昧時，每天都要跟閨蜜聊自己的患得患失了。

要透過關心事情來拉高好感度，只有兩個情況能夠成立：一，對方已經對你很有好感了，收到喜歡的人的關心，沒有人會不高興的，所以在此情此景下，問問對方有沒有記得吃飯、有沒有穿暖、感冒有沒有好一點……等等適度的關心，會讓對方倍感溫暖，心頭一陣甜滋滋；二，你非常會看風向抓重點，這件事情剛好是現在當事人想聊想討論的，那麼對方就會跟你聊得不亦樂乎。雖然重點跟你無關，但如果你常catch到對方想聊的事件，對方就會產生一種「我跟他好像很合得來」的錯覺，好感度自然會提升。

以上四點是網路聊天的基本技巧，如果你發現你過去有很多習慣，都屬於錯誤範例，那麼請你從現在開始調整，馬上就能看到一定程度的改變！

2. 聊什麼才恰當？看關係來選擇話題

在選擇要與對方聊什麼的時候，我建議起始點都以輕鬆有趣的話題為主，不論何時何地，快樂的話題幾乎是永遠立於不敗之地的。

但兩個人相處時，如果話題總圍繞在美食旅遊電影或貓貓狗狗之上，那麼關係就會流於表面，最好的情況是雙方變成飯友或旅伴，但更常見的情況是漸行漸遠。

我遇過不少條件不錯的男性客戶，他們的疑問都是：「為什麼一開始跟對方都聊得不錯，後面就沒了？」等他們拿出對話紀錄一看，就會發現他們和對方聊了兩個月的電影或旅遊，除此之外卻幾乎對彼此一無所知。

拜託，人家上的是交友軟體，不是影評俱樂部，她要找的是男朋友，不是電影同好，你跟人家一直聊電影是要聊什麼？我還有聽過跟女生約會看完電影，走進餐廳直接拿出筆記本，開始要對方列出這部電影優劣之處的男生。對此我只能說，人會單身，往往都是靠實力達成的。

顯然的，如果想跟對方更進一步發展，僅僅是談論些吃喝玩樂等表面性話題是不夠的，勢必得讓話題更深入，才有可能讓關係有所進展。

但要怎麼深入呢？過於深入會不會很冒昧、很沒禮貌呢？

的確，人與人之間的關係有深有淺，關係不到位時，聊得太深入，別人可能會覺得尷尬；但明明認識一段時間了，卻總是在聊晚餐吃什麼，又會讓人覺得你並沒有想跟他深交。所以在選擇話題時，有個非常重要的觀念就叫作「依照關係選擇話題」。

”

用關係深淺決定話題

大家多少都明白話題的深淺跟彼此之間的熟度有關，但什麼熟度可以講到什麼樣的話，卻又因人而異，沒有一個明定的標準讓人遵循。

所以我用了以下的圖，簡單說明從不熟到熟，話題有哪些不同的的分界。

隨著關係深度，適合觸及的話題

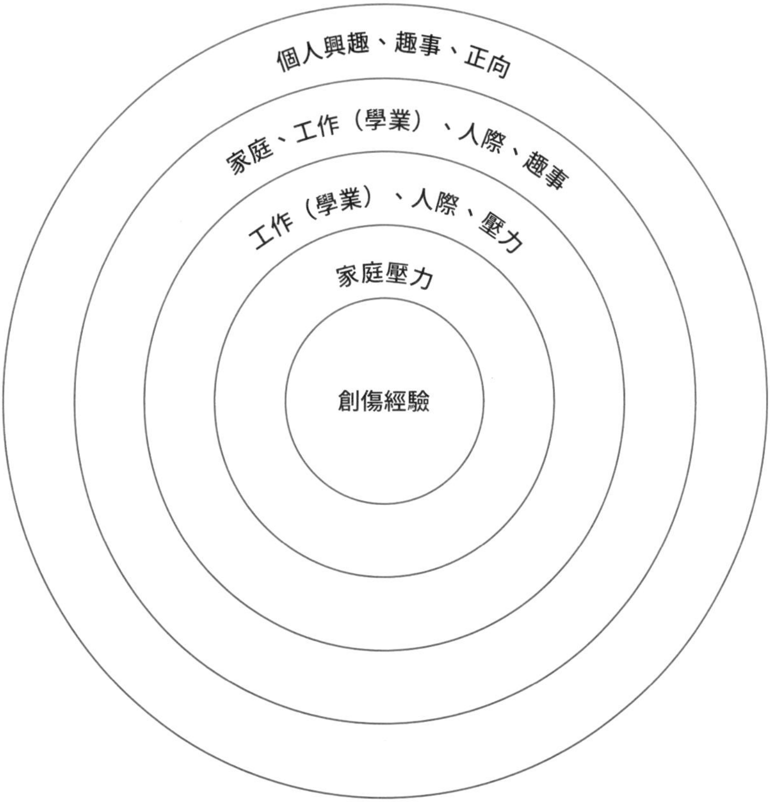

我們可以看到，在最外層，我建議談論的是「個人的、興趣類的、有趣的、正向的」。上述的標籤，不管你面對的人跟你有多麼熟或多麼不熟都一概適用，因為這些話題只傳達出了「我對你這個人有興趣」，沒有任何的侵略性，所以即使你是在朋友婚禮上跟坐隔壁的人閒聊，這一類的話題也都完全適用。

到了第二層，我認為可以談論的類型是「工作（學業）、人際、家庭、趣事」。當雙方熟度提高之後，就可以把範圍從對方自身，慢慢擴大到其它的資訊上，而其中最表淺的，就是工作（學業）。

為什麼工作會放在第二層呢？這是因為我並不認為，在私下社交的場合上有這麼多人愛聊工作。試想一下：當你去參加朋友的生日派對，席間認識了一個新朋友，這個朋友不停的跟你聊工作：「你是做什麼的啊？」「哇！那你平常一定很辛苦吧！」「那你們公司待遇好嗎？」「這工作真是蠻讓人羨慕的耶！」你不會覺得很煩嗎？

所以在第一個熟度的階段，別以工作為話題來打發，你得試著從對方本身開始聊起，才能展現你對他的興趣。聊到一個段落之後，再去詢問對方目前的工作，給人的感覺會比直接聊工作更舒服一些。

在第二層裡，不管你聊的是工作、人際關係、職場、家庭，都還是要以正面有趣的話題為主，例如：「你們公司很大耶！在旁邊開雞排店你覺得會賺錢嗎？」「所以你喜歡釣魚是因為都陪你爸去喔？聽起來你跟你爸關係很不錯耶！」「你都跟朋友一起去爬山嗎？你怎麼有辦法認識這麼健康的朋友？我朋友都跟我一起吃宵夜。」

人都想讓別人看到自己好的一面，當我們在面對一般的社交關係時，多半也不會想把氣氛搞得太僵硬沉重，所以在沒有很熟以前，盡量以快樂有趣的事情為主。

但如果對方自己提到比較不快樂的部分呢？此時你也可以注意，對方是不是一個很愛抱怨的人，或只是把你當成抒解情緒壓力的談話對象（俗稱情緒垃圾桶），並沒有誠意真的想與你深入交流。不管是哪種，最好都離他遠一點。

等關係再熟一點，就會進入第三層：工作、人際壓力。

大家其實都有自己的生活壓力，要過著事事如意天天開心的生活並不是那麼容易，所以偶爾遇到不開心的事、心情沒那麼好，也是很正常的。當彼此越來越熟悉，也越來越有安全感之後，適時的分享一些內心稍微脆弱的一面，不但不會讓人覺得厭惡，反而可以拉近距離。

但請記得下面幾個原則：

一，要有一定的熟度。如果你在剛認識不久的時候，就開始分享這些不愉快的心情，高機率會讓人想打退堂鼓。因為在你的人設及吸引力還沒建立起來以前，別人對你是沒有黏著度的，此時你的負面情緒其實別人是不怎麼在意，也不怎麼想處理的，甚至有可能產生排斥性，讓對方興起想遠離你的念頭。

但如果你們已經有了一定的熟度，表示雙方某方面是合得來的，對彼此具有一定程度的吸引力，此時再分享一些輕微的不愉快，就能適當的拉近關係。

二，是「適時的分享」，不是「時時的分享」。「適時的分享」會讓人更了解你的想法與處境，也會願意對你有更多的關懷和照顧，但「時時的分享」會幫你自己打造出很煩、很愛抱怨、很負面、很自怨自艾的人設，所以請特別小心留意。

我知道人生有時候很辛苦，但時時的分享你的負面情緒，並不會讓你看起來比較有吸引力，只會讓別人想遠離你，最終你只會得到一個比原本更辛苦的人生。

接下來第四層家庭壓力和第五層創傷經驗，只是列出來讓大家知道而已，我並不鼓勵大家在交往前花太多時間討論與研究這兩個層面。畢竟你們是來談戀愛的，就快快樂樂談戀愛就好，不需要幫彼此心理諮商，討論太多，只會增加雙方的心理負擔，對於「讓關係更進一步」其實並沒有什麼作用。

有不少人在交往前和自己的對象談論到許多深入的家庭或創傷話題，不管當事人覺得彼此心靈多麼契合、對方多麼能夠接住你，又跟你說了多少隱私的事，想必對自己非常信任……，但最後的結果，十個裡有九個都沒有交往。為什麼會這樣呢？

當你想把負面情緒丟給他人時，就會創造出一種排斥力，雖然別人可能會同情你的處境或遭遇，但並不會因此想跟你在一起。這就是為什麼許多人在跟對方掏心掏肺時，會感覺到對方的真誠，但最後感情卻仍然砸鍋的原因——誰好意思不包容一個看起來很慘的人呢？

我得很鄭重的告訴大家：談戀愛就是談戀愛，你得把界線劃清。**如果你覺得自己心裡有很多難受的地方，需要找人傾吐，那麼你應該要尋求其它管道，而不是希望你的約會對象能夠療癒你**，不管對方人有多好，他都只應該是你的約會對象，而不是你爸、你媽或你的治療師。如果你對此抱有錯誤的期待，那麼你會有很高的機率受到二度傷害。

3. 趕快約他出去吧——邀約技巧

我看過有些人花很長的時間在LINE上聊天，一直聊、一直聊、一直聊，聊得如火如荼、激情四射，但不知道為什麼就是不趕快約見面。

通常這種情況，最後不是聊著聊著就沒了、對方冷掉了、被別人追走了，就是好不容易見面了，然後你不是對方的菜，或對方不是你的菜，最後還是冷掉了。

不管是哪一種，都是聊越久浪費越多時間，非常的沒有必要。

談戀愛講求速度，畢竟聊天、認識彼此都只是個過程，最終的目標不就是想發展一段關係嗎？既然要發展關係，那為什麼要一直停留在網路上或電話上呢？如果沒有物理性的限制，要讓關係發展最快的方式，就是見面。所以你應該要採取的策略是盡快的見面、大量的見面。

你要知道，每一天都有好男人／好女人正在脫單，或正在認識他們未來的伴侶。每拖延一天，你的選擇就少一點，而你也又老了一點，整體而言，只是讓你在交友市場上更不利一點，沒有什麼好處。

所以不要浪費無意義的時間，如果你覺得雙方聊起來挺開心的，就不要猶豫，直接約對方去咖啡廳面對面聊不是更好嗎？何苦要一個人對著手機呵呵笑呢？

那要怎麼約呢？以下分成女生跟男生兩種版本，請依照自己的需求參考：

女生版

訣竅一、快、快、快

女生要約人出去實在太簡單了，難度基本上是0，只要把握幾個簡單訣竅，把人約出去簡直易如反掌。

對於女生來說，「快」是邀約最重要的關鍵。我發現一件很神奇的事：女生越早約，男生越容易出來；反之，時間拖得越久，對方出來的機率越低。有些女生每天在LINE上跟對方掏心掏肺，晚上熬夜跟對方聊好幾個小時，聊了一兩個月以後，對方不但沒有要約她出來的意思，就連女生自己主動開口，對方也好像很為難、好像時間很難喬一樣。

相反的，如果女生在認識的三到七天內直接做第一次邀約，成功率基本上都有八成（當然還要搭配約的方式）。

有些女生會說：「可是我想說要多了解、多認識對方，確定我有興趣以後再約。」

拜託，一個妳很沒興趣的人，妳能聊這麼久嗎？如果妳可以每天開開心心，甚至期待跟對方聊天，就表示妳對他的好感值起碼有三十分，那就該約了。再拖下去，妳只會變得越來越喜歡對方，然後越來越失常，並且離失敗越來越近。

所有的女性同胞請記得：只要妳對一個人有好感，覺得願意再跟他多認識一下、願意再跟他多聊一點，那、就、約、他！不要再拖了！如果妳們沒見過面，約出來以後妳可能會發現他本人跟網路差太多，於是妳瞬間冷掉，很棒！妳省下了後面跟他聊天的時間。

「那如果這麼快見面，對方不喜歡我呢？」妳以為比較晚見面，對方就會喜歡妳嗎？抱歉，並不會。因為「整體是不是自己的菜」對男女來說都是影響甚鉅的事，既然妳有可能因為見到對方，發現型不是自己的菜而冷掉，那麼對方不也是一樣嗎？再加上男性又是更傾向視覺的生物，會因為「在網路上聊很久而忽視對方外型對自己的吸引力」的情形是少之又少，如果彼此不來電，把時間拉長其實只是在增加妳的沈沒成本，反而有機會讓妳的臨場表現更加糟糕。

訣竅二、輕輕鬆鬆，隨口問問

第二個訣竅就是有事沒事、有意無意的隨口問問、隨口說說、隨口提提。例如對方說：「我昨天去吃一碗滷肉飯還蠻好吃的」，妳就可以回：「是喔？那下次帶我去～」或是對方說：「我蠻喜歡看展的」，妳就可以回：「之後可以一起去啊！」

當妳丟出這類的訊號，如果對方想要跟妳有更進一步的發展，就會開始規劃——他們可能會直接問：「好啊！那妳什麼時候有空？」「妳喜歡看什麼展？我看看最近有沒有」、「我最近想去看灌籃高手，妳有興趣嗎？」

如果一個男生對妳有興趣，在得到綠燈後，多半會展開一些行動，妳只要等對方約就好。如果一個男生在妳這樣提了三次之後，都沒有任何反應，那麼我想妳還是盡早換人比較保險。

女生在邀約這件事上，先天就有優勢，所以只要不要給人太大的壓迫感，初期的相處還算輕鬆自在，基本上男生對於見面的意願都會相當高。

訣竅三、主動邀約，要快狠準

如果妳不想花時間等待，打算採取主動的話，訣竅只有一個：簡單明快，直接問對方：「晚上要不要一起去吃飯？」「明天要不要一起去看展？」

不要浪費時間打迂迴戰術了，「哇～那間餐廳看起來好好吃喔～」「那間咖啡廳最近好像很紅耶！」「聽說那部電影很好看呢！」與其花時間拐彎抹角的講這些，不如採取「隨口說說」策略，直接讓對方意識到妳有想跟他出去，不然就是乾脆單刀直入的約見面。

很多女生的迂迴戰術操作得很彆扭，不但缺乏吸引力，對於異性經驗較多的男生來說，還可能會產生煩躁的反效果。既然效果不彰，那麼不如直球對決，給人的感覺反而還會果斷俐落一些。

再強調一次：女生要約男生是非常容易的，只要保持輕鬆、快速、直接的態度，約出去的機率基本上都有八成。比起拖拖拉拉的在網路上聊半天，培養一個連人都沒見過的虛幻感情，不如早點見面才能知道後面是否還有戲。

男生版

跟女生相比，男生要約人出去就真的比較困難了，這也是為什麼我把邀約放在本書最後面的原因。如果前面的內容你都搞懂了，也認真照做了，到邀約這一步的難度就會大大降低，因為你已經創造出一個具有吸引力的人設。

關於邀約，我給男生的建議一樣是要「快」。

聽到我建議大家要快，可能有很多男生會在心裡吶喊：「有啊！我都很快就約人家了啊！但每次都約不出來啊！不然我怎麼會買書來看？」

我說的是「快」，不是「猴急」。「快」指的是：在創造出吸引力後，在最短的必要時間內達成。「猴急」是：在還沒創造出吸引力之前，一股腦只想著自己的目的，卻沒有注意到現況與對方的狀態。所以問題並不是出在速度上，而是**有沒有吸引力**。

如果你的吸引力很強，認識當天就交往也是可能的事；如果你並不具備任何吸引力，認識十五年人家也只是把你當朋友。

所以男生們，你們的重點一樣是「快」，但在這之前，請務必留意本書前面的內容，好好的完成，以確保你們有足夠的吸引力，讓你們可以「快得起來」。

那要如何區分自己現在是否是「猴急」呢？各位男性同胞們不妨試試以下的簡易作法：

訣竅一：隨口說說，試試水溫

這點類似女生的訣竅二，但兩者的目的有很大的不同。女生即使只是隨口說說，男生也有比較高的機率主動提出邀約，所以很容易就順勢成局。但對男生來說，事情多半沒有這麼容易，所以在男生的立場，「隨口說說」的目的其實主要是試探水溫，看看對方對自己是否排斥。

舉例來說，假設女生說到自己的興趣是看電影，男生回：「是喔？我也很喜歡看電影耶！有機會可以看要不要一起去！」這是個極度不具侵略性而且非常模糊的邀約，當中沒有時間、沒有具體行程，它的真實性就像國小同學會結束時，大家說的「下次再約」、「之後再出來」一樣的不可靠。如果連這麼場面的對話，女生都還回：「哈哈，有機會再說吧～」「再看看，哈」、「最近比較忙，之後再看看」，那就表示現在女生多半連一絲絲想出來的意願都沒有。此時你要做的事是先退一步，回來重新創造你的人設與吸引力，不要躁進。等你再聊一小段時間，觀察彼此之間的熱度是否產生變化，若熱度變高，可以再試著隨口問一次，看看對方反應是否不同。

一般來說，如果女生對你沒有排斥，至少會得到「好啊，有機會可以一起去～」「可以啊！再找時間」……這種有明確的帶有「好」、「可以」的句子。如果對方對你有些好感的話，態度會再更積極，可能會出現：「可以啊！你想約什麼時候？」「好啊！最近有一個XXX我滿想看的，要一起嗎？」「好啊！不過我最近比較忙，可能要等下個月」等等有明確時間點的句型。

觀察對方好感有一個簡單的小要點：通常句子越是明確，好感度越高。所以如果約會結束後，你問對方下次什麼時候出去，她回你：「再看看～」、「之後再約」、「最近比較忙」，通常就是沒什麼戲了，你可以收回一點心力，趕緊去認識其他對象；如果對方是說：「我看一下行程跟你說！」「下週比較忙，可能要下下週」、「週六如何？」這種帶有明確行動或時間點的，通常表示今天約會狀況還行，下次還可以出來；如果對方直接約你下一次，那通常表示今天狀況很好，你就可以打鐵趁熱進行下一步了。

訣竅二：嘗試邀約

當你使用「隨口問問」之後，得到了帶有明確「好」、「可以」的回覆，就可以準備提出更具體一點的邀約。

之前的「隨口問問」完全不具任何的時間、地點……等具體資訊，頂多只提到了

「可以一起從事某種活動」，如看電影、吃東西、運動，所以這次，要比上次再更明確一點，看看對方的反應如何。例如「灌籃高手上映了耶！要不要一起去看？」「這間餐廳這個月有活動耶！要一起去嗎？」比起上次的什麼資訊都沒有，這次增加了確切的活動或是某個特定的時間範圍，看看對方的反應。

如果對方說：「灌籃高手我還好耶」，那麼你可以提出另一部電影，如果對方的回應是：「最近沒什麼想看的，之後再看看吧」就表示對方實質上目前沒有太想跟你出去的欲望。此時一樣退一步，不要躁進，也不用太沮喪，繼續創造吸引力，重整旗鼓後再來邀約。

如果對方是說：「好啊！我看看哪天有空」，但之後卻一直沒下文，請你先判斷最近你們的對話熱度是升是降，還是持平。如果熱度急遽下降，那麼對方這句話很有可能只是用來打發你的，請你保持平常心，不要再度追問；如果是持平或上升，請在第三天直接跟對方確認時間，你可以說：「啊你有確定哪天有空了嗎？」記得不要質問，也不要太過鄭重、戰戰兢兢的問，保持輕鬆的態度詢問即可。

男生在邀約的時候，有一點要謹記：千萬不要採取迂迴戰術。迂迴戰術不僅要冒著對方沒接到球的風險，導致成功率降低、很沒效率，還會讓人覺得很扭捏煩躁，是個基本上沒好處的作法，所以不論你有多麼害羞、多麼怕被拒絕，都要訓練自己更直接的提出邀約，這麼做反而會提高你的成功率。

訣竅三：直接了當

當你們已經出去兩三次，關係也很不錯之後，就可以捨棄前面那些試探性的作法，開始直接了當的約對方吧！

你可以開始問對方：「晚上要吃飯嗎？」「明天要出去嗎？」「週末想去走走嗎？」

如果這樣的約法多數時候成功，那麼你們不是很好的朋友，大概就是在曖昧了。

（至於是哪一種，就要看相處過程中是否有其它指標，有興趣的朋友可以參考《情勢

判別工作坊》）

為什麼呢？因為上述的句子完全不帶內容！它跟最一開始試水溫用的隨口問問完全相反，「隨口問問」是帶內容不帶時間，但直接了當的約法則是帶時間不帶內容，這表示一件事：我的目的就是要跟妳出去，去哪不重要。

這是非常具有侵略性的邀約模式，如果對方的回答是：「好啊！要吃什麼～」「好啊！要去哪～」都是很不錯的回應，表示你們目前相處得很愉快，對方對於跟你出去的積極度是高的，建議你最好趁現在多約對方，把握好時光。

如果對方的回應是：「好啊」，連吃啥、去哪都沒問，那基本上也表示對方跟你出來的重點在你，而不是其它事物。到了這一步，你就趕快問人家要不要交往吧，不要歹戲拖棚了。

永遠別忘了你聊天的目的不是為了聊天，而是為了創造吸引力，然後讓關係進入下一個階段。所以一旦你能夠把對方約出來，就要盡可能的把握時機，在關係最美好的時候，讓它有一個定局。

後記

在進入關係之後

又來到了尾聲，我盡可能的在這本書講解以前的書中沒有深入提到的內容。如果你喜歡這本書的話，也很歡迎你補完前面的四本，這會幫助你對於我的戀愛系統有更深入及完整的了解。

當然啦，從過去到現在，我不斷的打破自己舊有的許多觀念，畢竟蒙格說：「如果哪一年你不曾打破一個你最愛的觀念，那你這一年就白過了。」所以如果你發現我以前的書裡有某些概念和新書牴觸，就表示我推翻了自己。但你不用擔心，因為那些書都還是很好用，它必定還是可以在很多地方幫上你的忙。

未來我仍會持續更新我自己，就像你看完這本書後得去更新自己一樣。書不能僅僅只是用「看」的，你得去「做」，不然就會得到一肚皮的知識，實際生活卻一無所獲。

而在你透過本書的方式練習、改變自己的模式後，很有可能你會進入下一個難題：該怎麼經營一段關係？

當你進入一段關係後，你會格外發現我所說的「人設真實性」有多麼重要，因為你無法永遠偽裝。

但即使你活得再怎麼真實，都會發現自己與對方隨著交往時間越長，開始出現越多在你預期之外的現象：你們會吵架、意見不合、生活習慣不同、你們會氣到想跟對方分手、會開始思考是不是有更適合自己的對象、會開始懷疑自己是否還愛這個人，甚至會開始懷疑起「愛」到底存不存在。

放心，這些都很正常，所有人在熱戀期都會展現出超乎尋常的熱情、配合以及對對方的包容。同時，也會過度的美化對方。

這並不是人們的刻意包裝，只是在那個當口，我們不自覺的就是會這麼行動，因為在那個當下我們把全副身心都用在熱戀上了。

可是當愛情不再只是愛情，而是生活的一部分時，我們就無暇再用同樣的規格去經營它，因為我們需要生活——我們還是得睡覺、工作、做家事，此時人們會產生一種錯覺：愛情好像變調了，變得跟一開始不同了。

奧修說：「愛全世界很簡單，因為它是一個模糊的概念。愛一個人很難，因為對方總會不合你心意。」所有想要進入戀愛關係的人，都應該把這句話牢牢的記在心裡，這就是關係的真相，也是進入真愛本質的關鍵。

真愛是無法存活在投射或激情之中的，投射與激情是關係的門票，它讓人們願意嘗試進入真愛的狀態。如果連一開始的美好想像都不存在，那麼我想應該沒什麼人願意跟一個人爭吵、磨合，只為了生活在一起。

所有人對於感情的想像，都是有個理想伴侶，而所謂的理想，就是「盡如我意」。可是當對方無法總是盡如你意時，你還能愛他嗎？你還願意愛他嗎？還是一旦你無法得到自己想要的，就變得冷漠、疏離、漠不關心呢？

這並不是一種道德譴責，而是一個很真實的問題，也是在你進入關係後必然會面臨到的。

真愛不是一種感情的反應，而是一種理性而深厚的承諾——我願一切如你所願。這還真不是一件容易的事，尤其當你的對象襪子都亂丟的時候。

講這個不是要嚇你，反而是要你放心。是的，每段感情都有不愉快的時候，我認識的每一對人人稱羨的伴侶也都有過這樣的時刻：「我們交往三四年的時候每天都在吵架」、「我們有一年的時間幾乎不講話」、「我們吵到我直接連夜搬走」。

知道大家都有這段過去，會令人心中寬慰不少，這意味著「困難可以被克服，只要雙方願意努力」。問題是有機會被解決的，或者問題不會被解決，但兩個人找到共存的方式，那也沒問題。當然，前提是你擇偶要正確。

所以你得好好的記得：你絕對不會找到一個完美伴侶，絕對不會！但你可以找到一個適合你的伴侶。或許他只有八十分，因為他總是有些地方不合你的意，但他也是有八十分了，這已經很好了。

你得練習一直看著這八十分，把對方的好，捧在手心裡，仔細的看著，並且感覺到喜歡。深深的感覺那股喜歡的感受充斥在你的心中，甚至滿出來，那麼你可能會哭泣，因為你對自己擁有的一切感到無比的感恩。

這是維持關係的心態：接受對方就是他的樣子，而他也只能成為他的樣子，沒辦法變成你的理想。那麼你就會接受現實，不再抱怨、不再挑剔、不再憤怒，然後把他的好捧在手上，感到深深的喜歡。

這才是感情最真實的模樣，願你能得到你的幸福。

祝好

特別感謝

如果你曾經看過我以前的書，那麼或許你會發現，在這本書裡，我跟以前有很大的不同。

以前我不會花很多時間討論道德上的問題，因為我認為那是個人的自由選擇，並非我一個戀愛教練該去干涉的。

但這一年多以來，我受到我的師父——「沈嶸魔法命理學院」的創辦人沈嶸老師很大的影響，我清楚的意識到道德與真實，是如何影響一個人的感情生活。既然我的每一位讀者都希望在感情上更順遂，那麼提醒大家「道德」這個已經被這個世代所遺忘的美德，應該是我責無旁貸的事。

每一天，我都待在我師父身邊，看著一個又一個因為道德瑕疵而陷入人生困境的人來算命；每一天，我都聽到我師父在訓誡大家道德的重要性；每一天，我都看到有人因為改變了自己的行為，而過得更好、人生變得更順遂。這些都讓我決心要把「道德」的重要性，帶到我的書裡，希望能夠對有緣人產生幫助。

非常感謝沈嶸師父對我的提攜及教誨，讓我對於「善」，以及「善」能夠如何為人們帶來的福祇有了更深的了解。也謝謝師父透過靈性的角度，讓我對於感情、婚姻有了不同的啟發，讓我在我的職業生涯裡，可以更上一層樓。

也由衷的感謝時報出版替我發行這本書，謝謝編輯淑媚一直以來的專業協助，謝謝美術設計能做出適合這本書的設計（我的每本書都被稱讚很漂亮），謝謝印刷廠完成印製的作業，謝謝各大通路平臺讓讀者們可以看到這本書，謝謝物流將書送到每一位讀者的手上。

最後也謝謝閱讀本書的你／妳，讓我有機會貢獻我的專業及所學，來為你／妳服務。

誠摯的感謝。

聊走他的心

作者— 亞瑟
設計— 張巖
主編— 楊淑媚
校對— 亞瑟、楊淑媚
行銷企劃— 謝儀方

第五編輯部總監— 梁芳春
董事長— 趙政岷
出版者— 時報文化出版企業股份有限公司
108019 台北市和平西路三段二四〇號七樓
發行專線—（02）2306—6842
讀者服務專線—0800—231—705、（02）2304—7103
讀者服務傳真—（02）2304—6858
郵撥—19344724 時報文化出版公司
信箱—10899 臺北華江橋郵局第 99 信箱
時報悅讀網—http://www.readingtimes.com.tw
電子郵件信箱—yoho@readingtimes.com.tw
法律顧問— 理律法律事務所　陳長文律師、李念祖律師
印刷— 勁達印刷有限公司
初版一刷— 2023 年 6 月 16 日
一版三刷— 2024 年 5 月 21 日
定價— 新台幣 420 元

聊走他的心 / 亞瑟作 . – 初版 . – 臺北市 :
時報文化出版企業股份有限公司 , 2023.06　面；　公分
ISBN 978-626-353-920-4(平裝)
1.CST: 戀愛心理學 2.CST: 兩性關係

544.37014　　112008065

時報文化出版公司成立於一九七五年，並於一九九九年股票上櫃公開發行，於二〇〇八年脫離中時集團非屬旺中，以「尊重智慧與創意的文化事業」為信念。